Curso de patinaje sobre ruedas

Bruno Grelon

CURSO DE PATINAJE SOBRE RUEDAS

A pesar de haber puesto el máximo cuidado en la redacción de esta obra, el autor o el editor no pueden en modo alguno responsabilizarse por las informaciones (fórmulas, recetas, técnicas, etc.) vertidas en el texto. Se aconseja, en el caso de problemas específicos —a menudo únicos— de cada lector en particular, que se consulte con una persona cualificada para obtener las informaciones más completas, más exactas y lo más actualizadas posible. EDITORIAL DE VECCHI, S. A. U.

© Editorial De Vecchi, S. A. 2018
© [2018] Confidential Concepts International Ltd., Ireland
Subsidiary company of Confidential Concepts Inc, USA
ISBN: 978-1-68325-785-1

El Código Penal vigente dispone: «Será castigado con la pena de prisión de seis meses a dos años o de multa de seis a veinticuatro meses quien, con ánimo de lucro y en perjuicio de tercero, reproduzca, plagie, distribuya o comunique públicamente, en todo o en parte, una obra literaria, artística o científica, o su transformación, interpretación o ejecución artística fijada en cualquier tipo de soporte o comunicada a través de cualquier medio, sin la autorización de los titulares de los correspondientes derechos de propiedad intelectual o de sus cesionarios. La misma pena se impondrá a quien intencionadamente importe, exporte o almacene ejemplares de dichas obras o producciones o ejecuciones sin la referida autorización». (Artículo 270)

Agradecimientos

En la realización de esta obra he contado con numerosas colaboraciones. Sirvan estas líneas para expresar mi agradecimiento a todas las personas que han participado en su elaboración:

— Federación Francesa de Patinaje, en particular Alain Piarou, responsable del departamento de comunicación;
— Jean-Albert Poignet, director administrativo;
— Dominique Rousset, director técnico nacional;
— Christian Debacker, presidente del Comité nacional de patinaje acrobático;
— El señor y la señora Ropiquet, de US Fontenay;
— Club ISC;
— Delphine Guitton, entrenador diplomado de patinaje artístico.

También debo mostrar mi agradecimiento a Sam Nieswizski, un auténtico historiador del patín de ruedas quien, gracias a sus informaciones y a sus fabulosas colecciones, me ha permitido escribir el capítulo dedicado a la historia del patín. Asimismo, ha tenido la amabilidad de facilitarme algunos documentos fotográficos y de mostrarme verdaderas antigüedades.

Igualmente, quiero dar las gracias por su desinteresada participación a Muriel Bertin, Delphine Albareil, Christophe Audoire, Arnaud Gicquel, Michel Lhuisset, al ayuntamiento de Saint-Brieuc (concretamente a A. Hervé, del servicio técnico), a Joseph Polidori (del servicio fotográfico) y a Yann Garet, por su documentación pedagógica.

Un saludo amistoso también para mis colegas de las revistas especializadas *Roller-Mag, Crazy Roller* y *Roller Saga*, que me han contagiado su entusiasmo a través de sus artículos y han completado muchas de las informaciones de las que disponía.

El servicio de prensa de Rollerblade (Benneton Sportsystem France) y su reponsable, Marie Claude Prévitail, se han mostrado especialmente eficaces facilitándome una documentación muy extensa.

En lo que se refiere a las ilustraciones de esta obra, he recurrido otra vez a la agencia FEP; de este modo, Jean-Claude Buguin se convierte en un fiel colaborador de mis obras. También hay otras personas y entidades que me han proporcionado documentación, como Christian Debacker (que ha aportado datos de su colección personal), la firma Rollerblade y la FFRS.

También quiero expresar mi gratitud al equipo humano de la editorial De Vecchi.

Finalmente, un agradecimiento especial a Catherine Launay por su participación técnica y su soporte anímico.

Índice

INTRODUCCIÓN	13
Retorno a los orígenes	13
HISTORIA DEL PATINAJE	15
Constructores ingeniosos	15
La moda de las pistas de patinaje	16
Un juego convertido en deporte	18
CUATRO RUEDAS DEBAJO DE UNA BOTA	21
La elección del material	21
¿Patín convencional o en línea?	21
Los precios	23
EL APRENDIZAJE	25
Los primeros pasos	25
La posición	25
Algunos ejercicios	26
El peso del cuerpo	27
Cómo desplazarse	27
Para acelerar	29
Las caídas	29
Cómo levantarse	30
Cómo frenar	30
El frenado clásico	30
El frenado en T	30
La cuña	31
Mediante un giro cerrado	32
Los virajes	32
El viraje en cuña	32
El medio paso de patinador	33
Viraje en paralelo	33
El viraje cruzado	33
Patinar hacia atrás	35
La marcha atrás	35
El viraje cruzado hacia atrás	36
El descenso	36
La técnica de la cuña	36

Virajes durante el descenso	37
Subir y bajar de las aceras	37
Subir	37
Bajar	38
Cómo se sortea un obstáculo	38
Levantando un patín	38
Saltando	39
Saltando con los dos pies	40
PATINAR SEGURO	41
Las protecciones	41
Progresividad en el aprendizaje	42
Respetar el código de conducta del patinador	42
Importancia de los factores climatológicos	42
Ser vistos	44
El seguro	44
Mantenimiento del material	45
El patinaje y el Código de la circulación	45
LAS DISTINTAS DISCIPLINAS	47
El patinaje de recreo y la marcha	47
Los patines	47
Dónde patinar	48
La marcha	48
Los itinerarios	49
Las fiestas del patín	49
Los *raids*	50
El hockey sobre patines	51
Normas principales	52
El equipamiento del jugador de campo	58
El equipamiento del guardameta	58
El hockey con patines en línea	58
Un deporte originario de Estados Unidos	58
Dos años de demostración	60
Cómo se juega a street hockey	61
El patinaje acrobático	64
Las pruebas	64
El patinaje artístico	69
Todo por la música	72
Vestidos y material	74
El área de evolución	74
El marcaje	74
El patinaje de velocidad	78
La variedad de distancias	78
Los tipos de pista	81
Equipamiento del corredor	81
¿Dónde se puede practicar el patinaje de velocidad?	84

Tipos de competiciones	84
El reglamento	85

LA PREPARACIÓN FÍSICA

La preparación física	89
Musculación y estiramientos	89
La sesión de trabajo	89
El lugar	89
Los ejercicios	90
El material	90
Los accesorios	90
Calentamiento	90
Objetivos del calentamiento	90
¿Qué tipo de calentamiento elegiremos?	91
Ejercicios generales	91
Calentamiento de las distintas partes del cuerpo	92
El trabajo de musculación	94
El stretching (estiramientos)	100

LA PREPARACIÓN PSICOLÓGICA

La preparación psicológica	105
El dominio de las propias capacidades	105
La relajación	105
La sugestión	106
Superarse	106
Dos ejercicios de aplicación práctica	106
De pie	106
En el suelo	107

UNA ALIMENTACIÓN EQUILIBRADA

Una alimentación equilibrada	109
El patinaje, un deporte devorador de calorías	109
En competición	109
La recuperación	110
Evitemos la deshidratación	110

ACCIDENTES Y LESIONES

Accidentes y lesiones	111
Los traumatismos	111
La tendinitis en el tendón de Aquiles	111
Dolores de rodilla	112
Otros traumatismos de la rodilla	112
Dolores en la parte anterior de la tibia	112
Patología de los ligamentos del tobillo	113
Dolores en la cadera, las nalgas y en la espalda	113
Las fracturas	113
La muñeca	113
La articulación escapulohumeral	114
Lesiones cardiovasculares	114
Patologías del hockey	114
El certificado médico	115

Glosario 117

Direcciones útiles 119
Fabricantes e importadores 119
Direcciones de la Federación 120
Federaciones nacionales de hockey sobre patines 120
Federaciones internacionales de hockey sobre patines 121
Clubes pertenecientes a la Federación Española de Patinaje .. 125

Introducción

Retorno a los orígenes

Al igual que muchas personas de mi generación, mi primer contacto con el mundo del patinaje tuvo lugar cuando era niño. Los patines que había en aquella época tenían ruedas de metal y correas de cuero, y eran extensibles para que pudieran crecer con nosotros y pasar de hermano a hermano cuando perdíamos el interés. Hace cuarenta años, las calles no estaban tan invadidas por los automóviles como hoy en día, y en la pequeña ciudad de provincia donde vivíamos no se oía más que el ruido infernal de las ruedas sobre el asfalto engravillado. Aprender a patinar era algo casi obligatorio por aquel entonces, así como andar en bicicleta o en patinete; sin embargo no eran considerados como medios de transporte (no se utilizaban los patines para ir al colegio; como mucho, para ir a hacer algún recado en el colmado de la esquina).

Con el paso de los años, mi interés se desvió hacia aparatos más ruidosos y más contaminantes, y los patines quedaron olvidados en un rincón del desván.

Mi segundo gran encuentro con el mundo del patín fue a través del cine, concretamente de una película que causó un gran impacto en los años setenta: *Rollerball*, con James Caan; era una historia de gladiadores del futuro que, con patines en los pies, se jugaban la vida girando en una pista. Las acrobacias eran impresionantes y, pese a la violencia que reinaba en todas las secuencias, el espectador salía entre admirado e impresionado por la transformación de un juego en instrumento político.

El tiempo siguió su curso y, poco a poco, el patinaje sobre ruedas ha vuelto a conquistar a las nuevas generaciones. Muchas personas que, como yo, habían disfrutado paseando recibiendo el viento en la cara y experimentando aquella sorprendente sensación de libertad, años después regalaron a sus hijos, niños o adolescentes, estas maravillosas máquinas, más confortables que las de antes y también más rápidas y dotadas de freno. La famosa huelga de transportes de París en el invierno de 1995 oficializó el fenómeno entre los adultos, que se calzaron los patines para ir al trabajo, creando algún que otro problema a los responsables de la vía pública.

Actualmente el número de patines en línea vendidos se cuenta por millones. Gracias a una curiosa transformación, cuyo secreto posee solamente la historia, esta diversión burguesa de principios de siglo ha pasado a ser una actividad popular, un deporte de calle. Los modernos practicantes han ido incluso más allá: han recuperado el mobiliario urbano –bancos, rampas, escaleras– para crear una nueva disciplina deportiva: el patinaje acrobático, no reconocido aún por la Federación Española de Patinaje (FEP).

Aprovechando el auge de este deporte han surgido revistas especializadas y se ha generado una enorme actividad en muchas de las federaciones de patinaje de todo el mundo. En España, este auge popular convive con la tradición, especialmente en Cataluña y en Galicia, y con el alto nivel competitivo de los equipos locales y de la selección nacional de hockey sobre patines, así como con los numerosísimos practicantes de patinaje artístico y de velocidad.

Esta obra quiere aportar su contribución al desarrollo del patinaje. Quienes lo descubran hoy deberán saber que sus orígenes son antiguos. El patín de ruedas fue inventado en el siglo XVIII, y a finales del siglo pasado patinaban millones de personas en Europa y en Estados Unidos. Las técnicas actuales no son más que la evolución de los conceptos del siglo XIX y de principios del XX. Por otro lado, el patinaje es, además de una actividad lúdica, un deporte que desarrolla una serie de cualidades físicas y psicológicas. Tal como veremos más adelante, no hay que olvidar aspectos como el calentamiento, los estiramientos y la dieta. Es aconsejable que nos asociemos con otros practicantes para superarnos. Este es un deporte que tiene sus exigencias, pero que da muchas satisfacciones. De él obtendremos un equilibrio vital que nos resultará siempre positivo.

Bruno Grelon

Historia del patinaje

El hombre se ha interesado desde tiempos muy antiguos por las técnicas de patinaje, ya sea para trasladarse o para desplazar cargas pesadas o voluminosas. Se estima que los orígenes del patín se remontan a más de veinte mil años. Sam Nieswizski, que ha llevado a cabo un importante trabajo de investigación para explicar la historia del patín,[1] cita el descubrimiento hecho por unos arqueólogos de unos patines de hueso que datan del paleolítico. El deseo de patinar siempre, incluso sin hielo, ha sido lo que ha impulsado a los más aventureros a inventar el patín de ruedas.

Constructores ingeniosos

Según el mencionado historiador, los primeros inventos vieron la luz en los Países Bajos en el siglo XVIII. Por una parte cita a John Joseph Merlin, nacido en 1735, que fabricaba máquinas mecánicas e instrumentos musicales; por otra parte, también menciona a Maximiliaan Lodewijk van Lede, nacido en Brujas, de profesión grabador de medallas, que figura en el *Almanach de Gotha* (1790) por haber inventado unos «patines de tierra con los cuales se puede correr tan rápido como por el hielo con patines normales».

A partir de entonces, la lista de inventores empieza a crecer. El francés Petitbled patenta en 1819 los primeros patines de ruedas dotados de un «freno de taco». En la misma época, el escocés John Spence, de profesión zapatero y gran aficionado a la mecánica, adapta unas ruedas a unas cuchillas de patines de hielo. El vendedor de fruta inglés Robert John Tyers concibe en 1823 unos patines que bautiza con el nombre de *Volito* (floto), y el relojero austriaco August Löhner crea en 1825 unos «zapatos mecánicos con ruedas». El más famoso es, sin lugar a dudas, el francés Jean Garcin, patinador sobre hielo y autor de un ensayo sobre esta modalidad, que en 1828 inventó el *Cingar*, un patín dotado de soportes laterales altos para fijar el tobillo.

La moda del patín con ruedas llega con las grandes coreografías. Sam Nieswizski menciona un buen número de ballets pantomima en los que los bailarines utilizan este instrumento. Para la realización en 1849 de la ópera de Meyerbeer, *El Profeta*, que incluye una danza de patinadores, el parisino Louis Legrand, charcutero de profesión pero también gran inventor, recibe el encargo de construir los patines y de iniciar a los bailarines en la técnica del patinaje. En esta misma época, las primeras «escuelas», que son locales parecidos a un gimnasio con el suelo liso, experimentan un cierto auge. Todos los patines construidos entonces tienen las ruedas montadas

---

1. Sam Nieswizski, *Rollermania*, Gallimard, col. «Découvertes», 1991.

A finales del siglo pasado, los patines de ruedas eran el último grito, tanto en el teatro... (col. Nieswizski)

...como en los figures de las publicaciones de moda (col. Nieswizski)

en línea, ya que parten del principio de la cuchilla de los patines de hielo.

La moda de las pistas de patinaje

Pero la auténtica revolución vino del otro lado del Atlántico, con la invención a cargo de James Leonard Plimton de los *rocking skates* (patines con rótula). Este modelo tiene cuatro ruedas de madera y dos ejes móviles mediante unas rótulas. Una simple inclinación del pie permite girar sin dificultad. Este avispado hombre de negocios construyó numerosos *skating-rinks* (pistas) con piso de madera en Estados Unidos y en Europa, y vendió sus patines a las pistas para que los alquilasen, lo que permitió que en diez años amasara una fortuna considerable.

En tiempos de la Tercera República, Francia, ávida de fiestas y de ocio, se vuelca en esta nueva actividad. En 1875 se inaugura la primera pista en París, situada en las proximidades de la glorieta de los Campos Elíseos. Su piso asfaltado cubre una superficie de mil metros cuadrados. El Skating-Palais de la avenida Bois-de-Boulogne estaba considerado como una de las mejores pistas del mundo y contaba con una magnífica iluminación eléctrica y una orquesta de sesenta músicos. En su superficie de dos mil metros cuadrados se organizaban fiestas suntuosas, exhibiciones de virtuosismo y juegos. En toda España, el patinaje se desarrolló como deporte para los más pudientes económicamente. Se construyeron pistas en Berlín, Frankfurt, Londres, Southseas, etc., de grandes proporciones y con todos los avances de la época.

La aparición de los rodamientos de bolas hizo que se incrementara la afición a los patines. Algunos modelos se construyeron con ruedas de mica (Brampton, Gran Bretaña, 1909) (col. Nieswizski/foto Grelon)

El boom de las pistas de patinar de París (col. Nieswizski)

Las señoras llevaban sombrero y botines de tacones altos para ir a patinar (col. Nieswizski)

Pero esta moda fue pasajera. En 1880 todas las pistas de patinaje de París habían cerrado sus puertas.

Diez años más tarde, con la aparición del revolucionario rodamiento de bolas (o cojinete de bolas), el patinaje vuelve a tomar un nuevo impulso. Se construyen nuevas pistas y se crean grandes expectativas. La nueva pista de Londres tiene un aforo de diez mil personas, y en París, el Columbia Skating-Rink, construido para la Exposición Universal de 1889, cuenta con una pista de tres mil quinientos metros cuadrados.

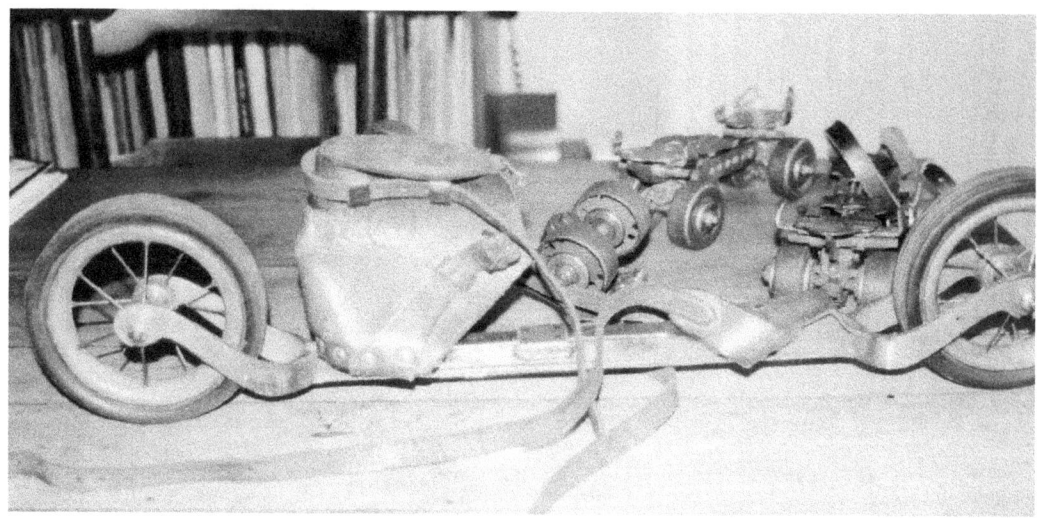

Los inventores se deleitan creando nuevos modelos de patines, como el de la ilustración, próximo al esquí con ruedas (col. Nieswizski/foto Grelon)

Los ciclopatines eran muy populares antes de la guerra (col. Nieswizski)

A finales del siglo XIX, Alemania contaba con cincuenta pistas y Gran Bretaña con treinta. La superficie donde se patinaba era de madera, más resistente a las ruedas de este mismo material. A partir de 1910 se produce un resurgimiento de este tipo de pistas, que acogen fiestas, espectáculos y concursos de baile.

A finales del siglo XIX, los inventores construyen una gran gama de patines de ruedas grandes, llamados ciclopatines o patines bicicleta, cuyo revestimiento de caucho permite circular más fácilmente por las superficies accidentadas. Los patines tradicionales se montan con ruedas metálicas, madera, mica o caucho endurecido. A comienzos de siglo se intenta construir patines a motor.

Un juego convertido en deporte

Mientras tanto, el mundo del deporte recupera esta actividad. A finales del siglo pasado, los americanos empiezan a jugar a polo con patines y registran los primeros récord de resistencia y de velocidad.

A EE.UU. llegaron, a principios del siglo XX, ideas nuevas para practicar deportes y competiciones, como el hockey sobre patines.

El deporte atrae a los patinadores. Se celebran las primeras competiciones de resistencia, como el Patín de Oro... (archivos Nieswizski)

En 1905, en Inglaterra, se fundaba la Amateur Hockey Asociation y en 1913 la Asociación Nacional de Hockey. Todo ello fue el precursor del patinaje en Europa a todos los niveles. La primera reglamentación del juego de hockey sobre patines data del 1924, coincidiendo con la fundación de la Federación Internacional de Patines de Ruedas, cuyo presidente fue Fred Renkewitz.

En el ámbito federativo se inicia un proceso de internacionalización. Los primeros campeonatos de Europa de hockey sobre patines tienen lugar en 1929, y los campeonatos del mundo se celebran en 1936. En velocidad, las primeras pruebas en ruta se celebran en el marco de los campeonatos de Francia de 1932. Destinado al gran público, los americanos inventan el *roller-derby*, que es una especie de carrera de persecución y de carrera por relevos que se desarrolla en una pista con curvas peraltadas. En esta disciplina están permitidos los empujones, las zan-

...y también pruebas más populares, como la marcha atravesando la capital francesa (col. Nieswizski)

El roller-derby, inventado en Estados Unidos, recuperó la moda de los espectáculos con patines (col. Nieswizski)

cadillas, las patadas y otras delicadezas, lo que provoca a los espectadores, que reaccionan con gritos y abucheos. El *roller-derby*, que en Estados Unidos estuvo en auge hasta los años ochenta, inspiró la película de N. Jewison, *Rollerball* (1975).

En los años 50, el patinaje sobre ruedas sufre un declive progresivo. A partir de la década de los sesenta, aparece el *skateboard* que, tras quince años en la cresta de la ola, cede el puesto a los patines modernos; estos, gracias a las ruedas de material plástico (hoy en día poliuretano), ofrecen mayor confort y robustez, y son más silenciosos. En los últimos años, el auge del patín en línea da un nuevo impulso a este deporte.

La Federación Española de Hockey y Patinaje no fue fundada hasta 1946, y en 1947 ya participó en el III Mundial y en el XIII Campeonato de Europa. En 1954 se oficializa la independencia de la Federación Española de Patinaje. El gran sueño de este deporte es el de llegar a ser considerado deporte olímpico.

Sam Nieswizski utilizó su impresionante colección de documentos para escribir una auténtica historia del patín (foto Grelon)

Cuatro ruedas debajo de una bota

La elección del material

Ahora que ya hemos descubierto que el patinaje va a ser nuestra nueva afición, lo primero que haremos será equiparnos adecuadamente. Por un lado, necesitaremos unos patines, y, por otro, el equipo complementario, es decir, las protecciones para las articulaciones. El lector encontrará, en los capítulos dedicados a cada disciplina, la descripción del material adecuado para su práctica.

¿Patín convencional o en línea?

No existe una guerra declarada entre el patín convencional y el patín en línea. Sus características y las técnicas de uso son muy distintas. El patín tradicional es más ligero, facilita el realizar maniobras, permite giros más cortos y más aceleración, y, sobre todo, es más estable. Una ventaja añadida es que la bota y la *platina* se compran por separado, y en caso de rotura todo tiene repuesto.

El patín tradicional se aconseja a los jóvenes que comienzan, que de este modo patinarán más rectos, sin torcerse las piernas, aunque esto no descarta totalmente la posibilidad de que los tobillos puedan sufrir lesiones. Se utiliza en disciplinas como el patinaje artístico, *slalom* y salto (en este último, donde el aterrizaje puede ser violento, el impacto se

En acrobacia, el patín convencional permite una caída más segura en los saltos (foto Debacker)

amortigua mejor con las ruedas anchas y los *silentbloc* de poliuretano del patín convencional).

La mayoría de equipos de hockey sobre patines prefieren el patín tradicio-

En carreras de velocidad, los patines en línea de cinco ruedas ofrecen una velocidad punta netamente superior (foto Debacker)

nal, que permite cambios de dirección más rápidos.

Cabe destacar que las platinas son diferentes a las del patinaje de recreo *(fitness)*. La menor separación entre ruedas, tanto en longitud como en anchura, permite un mayor nervio y vigor en los desplazamientos.

El *patín en línea* resulta muy atractivo. Su botín anatómico, muy parecido a las botas de esquí, proporciona un perfecto soporte del tobillo, y su velocidad punta, una vez terminada la fase de aceleración, es netamente superior a la que pueden ofrecer unos patines convencionales. Otro punto a su favor es que no presenta para el principiante problemas de equilibrio hacia adelante y hacia atrás. Por último, con él no se aprecian las pequeñas irregularidades del suelo, y exige un esfuerzo globalmente menor. Este conjunto de cualidades hace que los patines en línea sean muy adecuados

En halfpipe se «vuela» más alto (foto FEP)

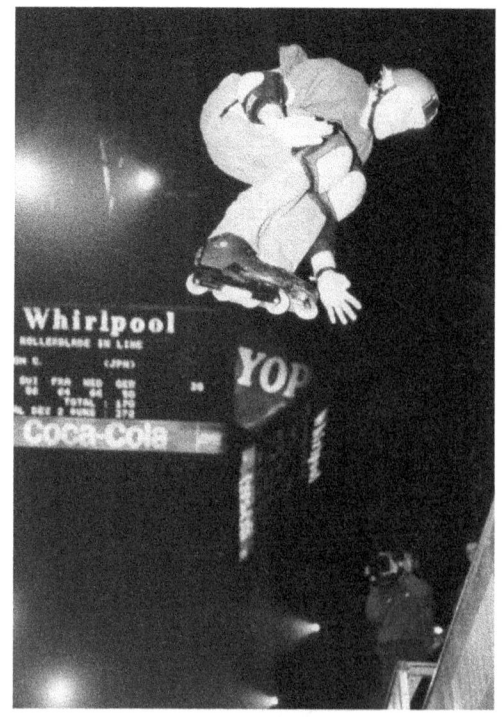

para la modalidad *street*. Para mejorar la maniobrabilidad se pueden montar ruedas del tipo *rockering*, que permiten una gama mayor de maniobras.

Los patines en línea no tienen competidor en las carreras de velocidad. Sus cinco ruedas estrechas ofrecen poca fricción contra el suelo y favorecen un reparto óptimo del peso del patinador. Por otro lado, su ligereza y los rodamientos de alta calidad permiten alcanzar velocidades impresionantes. Los corredores de nivel pueden mantener promedios de 40 kilómetros por hora en distancias de sesenta kilómetros. En velocidad punta, se pueden alcanzar los 60 kilómetros hora y los 100 kilómetros por hora en descenso.

En rampas, los participantes que utilizan patines en línea obtienen mejores resultados porque les permiten elevarse a mayor altura.

En *street hockey*, donde el terreno de juego es de mayores dimensiones que el de hockey sobre patines, es obligatorio el uso de patines en línea, hecho que confiere a esta disciplina un gran parecido con el hockey sobre hielo.

Los precios

Se pueden encontrar patines tradicionales (sin bota) para los niños que comienzan por unas 5.000 ptas. Pensando en adultos o en los ya iniciados, los precios de unos patines tradicionales de gama media (de uso no profesional) oscilan entre las 14.000 ptas. y las 20.000 ptas.

Existen, fundamentalmente, dos tipos de botas: las de patinaje artístico y las de hockey sobre patines; los precios oscilan entre 6.500 ptas. y 12.000 ptas. en ambos casos; el precio de las platinas de esta gama ronda las 7.500 ptas. A partir de

Además de comprar los patines, también tendremos que reservar una parte del presupuesto para el conjunto de protecciones (foto Rollerblade)

El patín en línea, con su botín anatómico, presenta un bonito diseño (foto Rollerblade)

cierto nivel, o a nivel profesional, los precios pueden doblarse con botas y platinas de importación, mejores materiales, etc. Las marcas más habituales son: Skater, Protex, Boiani, Marcella, Meneghini, Diker, etc.

Respecto a los patines en línea, existen cuatro grandes familias:

— La gama de recreo *(fitness)* se puede considerar la más importante; este modelo se utiliza para hacer deporte o para andar por la calle. El patín está concebido en función de la estabilidad y facilidad de maniobra.
— La gama *training (speed)*, cuyo diseño prima la velocidad sobre la facilidad de maniobra.
— La gama acrobática, cuyos modelos se parecen a los de recreo pero tienen ruedas más pequeñas y chasis reforzado para realizar los ejercicios en superficies distintas.
— La gama hockey, en un término medio entre velocidad y maniobra, son menos estables.

Los precios son muy variados: desde 5.500 ptas. a 23.400 ptas. cuando hablamos de la gama recreo. La gama de patines más baratos no son de mala calidad, aunque no ofrecen las mismas ventajas de comodidad (aireación del botín, cierres, rodamientos y ruedas).

Si nos vamos a precios más caros encontramos productos de mayor calidad: suela anatómica, sistema antivibración, aireación, rodamientos ajustados a las normas, etc.

Las principales marcas del mercado son: Bauer, K2 Reflex, Oxygen, Rocer, Rollerblade, Ultra Wheels, etc.

Es importante probar los patines antes de comprarlos: una bota incómoda o que no sujete bien el pie puede desanimar al usuario.

Lo ideal es probarlos con un calcetín más grueso sobre uno más fino. Una vez ajustado el patín, nos tiene que permitir mover muy levemente el pie dentro de la bota, sin que notemos puntos que nos aprieten. La anchura y altura del patín y del tobillo son muy importantes.

El aprendizaje

Los primeros pasos

La posición

- Con los patines calzados y en una superficie plana, intentaremos encontrar la posición que nos permita guardar el equilibrio.

- Los patines deben estar rectos y paralelos.
- Las piernas se separan a una distancia equivalente a la anchura de los hombros.

El equilibrio anteroposterior no representa ningún problema, aunque igualmente hay que aprender a patinar (foto Rollerblade)

Una buena posición inicial permite encontrar el equilibrio más fácilmente (foto Mason/FEP)

- La cabeza debe mantenerse recta, y la mirada dirigida hacia delante.
- Flexionamos las rodillas y los tobillos, de modo que la parte delantera de la pierna esté en contacto con la lengüeta de la bota.
- Inclinamos el cuerpo ligeramente hacia delante.
- Los brazos se separan del cuerpo, para mantener mejor el equilibrio.

Algunos ejercicios

La posición que acabamos de definir será la posición de base. Sin embargo, todavía no hemos experimentado la sensación de patinar ni hemos tenido problemas de equilibrio. Para ello es conveniente efectuar una serie de ejercicios:

- Manteniendo los pies separados, movemos las rodillas hacia el interior, hasta que se toquen. Las ruedas quedarán apoyadas por la parte interna.
- Realizamos el movimento opuesto, es decir, separar las rodillas. Las ruedas se apoyarán por la parte externa.
- Volvemos a la posición de partida, con los patines paralelos y ligeramente separados.
- Flexionamos las rodillas y, simultáneamente, las desplazamos hacia un lado y hacia el otro.

Todas estas posiciones nos serán útiles para patinar.

Arriba: *levantando los pies alternativamente notaremos cómo el peso del cuerpo recae en el pie de apoyo (foto Mason/FEP)*
Abajo: *al principio no hay que correr más de la cuenta y se utilizarán los brazos para mantener el equilibrio (foto Rollerblade)*

El peso del cuerpo

- Para percibir el desplazamiento del peso del cuerpo, esencial en la mayor parte de los movimientos que se realizan patinando, nos apoyaremos en uno y otro pie alternativamente, inclinándonos suavemente y siempre con las rodillas ligeramente flexionadas.
- Efectuamos el mismo movimiento levantando un pie del suelo.
- Repetimos el movimiento, acentuando la flexión de la pierna de apoyo.
- Nos ayudamos con los brazos para mantener el equilibrio.

Cómo desplazarse

- Partimos de la posición de base, con las piernas ligeramente separadas,

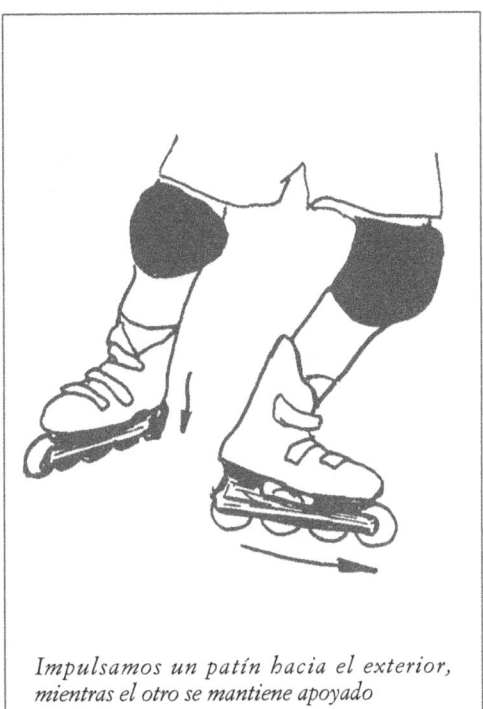

Impulsamos un patín hacia el exterior, mientras el otro se mantiene apoyado

Los pies se colocan en V, con las puntas hacia fuera

rodillas un poco flexionadas, brazos doblados, manos hacia delante.
- Colocamos los patines formando una «V», con las puntas hacia el exterior.
- Tomamos impulso con un patín, mientras que el otro permanece apoyado en la parte interior de las ruedas.
- Pasamos el peso del cuerpo al patín que avanza. La tibia se apoya en la lengüeta de la bota.
- A continuación, levantamos el otro patín y lo desplazamos hacia delante con naturalidad, efectuando el mismo movimiento de impulso.
- La cabeza debe mantenerse recta (sobre todo no hay que mirarse los pies), y los brazos tienen que acom-

Levantamos el otro pie y lo hacemos pasar delante. La cabeza recta y los brazos ayudan con un movimiento natural (foto Platiau/FEP)

Colocamos los patines paralelos y dejamos que rueden (foto Platiau/FEP)

pañar el movimiento con un balanceo natural.
- En cuanto hayamos cogido un poco de velocidad, colocaremos los patines paralelos y dejaremos que rueden hacia delante con el peso del cuerpo bien repartido sobre los dos.
- En ningún caso estiraremos totalmente las piernas ni echaremos las nalgas hacia atrás.

Aumentando la fuerza en el impulso, balanceando activamente los brazos y con el busto inclinado hacia delante, cogeremos velocidad muy rápidamente (foto Rollerblade)

Para acelerar

- Flexionamos las piernas e inclinamos el cuerpo hacia delante: así mejoraremos el empuje y el apoyo laterales, y aumentaremos inmediatamente un poco la velocidad. Los brazos, que oscilan al ritmo de los pasos, nos ayudarán también a conseguir esto.

Hay que evitar las caídas hacia atrás. Las protecciones son básicas, sobre todo para los principiantes (foto Mason/FEP)

Las caídas

Aunque en ningún caso es deseable que esto ocurra, existe ese riesgo. Sin embargo, bien equipados con un casco y con protecciones en las rodillas, los codos y las muñecas, no tendremos que preocuparnos en exceso.

- Procuraremos que la caída se produzca siempre hacia delante.
- Flexionaremos las rodillas al máximo para reducir la altura.
- Dejaremos que las rodillas sean las primeras en contactar con el suelo, y a continuación apoyaremos las manos.
- No olvidaremos en ningún momento utilizar todas las protecciones.

Cuando estemos en el suelo, no intentaremos levantarnos frontalmente. Primero nos giraremos para poder apoyarnos en las rodillas (foto Buguin/FEP)

Cómo levantarse

- Nos colocaremos de lado. Luego recogeremos el cuerpo y doblaremos una rodilla, con la otra apoyada en el suelo.
- Con las manos apoyadas en la rodilla flexionada nos levantaremos despacio, al tiempo que acercamos la otra pierna.
- Mantendremos las piernas flexionadas para recuperar el equilibrio.
- Antes de volver a patinar, respiraremos y recuperaremos la calma.

Cómo frenar

Los patines en línea llevan un freno en la parte posterior del patín derecho, detrás de la última rueda, que no permite un frenado instantáneo, sino sólo una disminución progresiva de la velocidad.

El frenado clásico

- Extenderemos la pierna hacia delante y levantaremos la punta del pie, al tiempo que flexionamos la otra pierna para bajar el centro de gravedad.
- El taco entra en contacto con el suelo y la velocidad disminuye.
- Para mantener el equilibrio, desplazaremos el peso hacia atrás, a la vez que estiramos los brazos hacia delante, e inclinamos el cuerpo también hacia delante.

Hay patines que tienen un sistema de frenado muy técnico (*Force multiplier* los

Levantamos la punta del patín, y el taco de caucho entrará en contacto con el suelo, produciendo un efecto de frenado

Bauer, *System ATB* los Rollerblade, etc.): con un simple movimiento del pie o del tobillo se logra un frenado seguro.

El frenado en T

Es un sistema muy eficaz, utilizado por los patinadores que han eliminado el freno integrado. El mayor inconveniente es que la fricción se realiza con las ruedas.

Ponemos los pies en forma de T, aunque sin llegar a colocar el patín de detrás completamente perpendicular al otro

La cuña

- Al igual que en esquí, la cuña consiste en poner los pies formando un ángulo, convergiendo las puntas y separando los talones.
- La dificultad reside en mantener las piernas separadas, al tiempo que se presiona fuertemente contra el suelo. Cuanto más grande es la separación, más eficaz es el frenado.
- Al realizar la cuña, las rodillas sufren presiones importantes.
- Esta técnica no debe ser utilizada a gran velocidad, en especial en las pendientes.

- Colocamos un patín perpendicular al otro.
- El patín delantero estará recto.
- El patín trasero no debe colocarse totalmente en ángulo recto, para evitar que se bloqueen y se ocasione un desgaste irregular.
- Cuanto más se presiona sobre el pie que se cruza, más se frena.
- El tronco debe estar orientado hacia delante, con las rodillas flexionadas.
- Para mejorar el equilibrio, podemos doblar sobre el pecho el brazo correspondiente a la pierna posterior y separar el otro.

Variante: el peso del cuerpo se encuentra en la pierna de delante, y levantamos la otra pierna. Apoyamos el patín en el suelo, con la pierna bien extendida. Dejamos que las ruedas rocen contra el suelo.

Piernas separadas, rodillas y puntas de los pies mirando hacia el interior: la cuña es una forma eficaz de frenar

Variante: algunos especialistas proponen una variante que consiste en realizar la cuña presionando con los pies alternativamente.

Este sistema de frenado con presión alternativa produce mayores desequilibrios si se da una excesiva angulación al pie.

Mediante un giro cerrado

Otra forma de frenar es girando, siempre y cuando la velocidad no sea excesiva:

- El pie avanzado marca el viraje. Las rodillas se flexionan y los brazos se colocan hacia delante.
- Se abren las rodillas, mientras el otro pie pivota sobre la rueda delantera.
- Manteniendo las rodillas flexionadas y los brazos separados, se baja el patín hasta que las otras ruedas entran en contacto con el suelo y se juntan los talones.
- El giro se aguanta hasta que se detiene la marcha.
- Para mantener el equilibrio, el tronco debe estar erguido y la cabeza alta.

Los virajes

El viraje en cuña

- Partimos de la posición de pies separados, rodillas ligeramente flexionadas y patines apoyados en la cara interna de las ruedas. El conjunto, desde la cabeza hasta los pies, se asemeja a un triángulo.
- Aumentamos la flexión de la rodilla opuesta al lado hacia el cual queremos girar. Así, para girar hacia la derecha, flexionamos la rodilla izquierda.
- Aumentando la presión contra el suelo del patín exterior y efectuando una ligera rotación del cuerpo en la dirección deseada, el viraje se produce automáticamente.

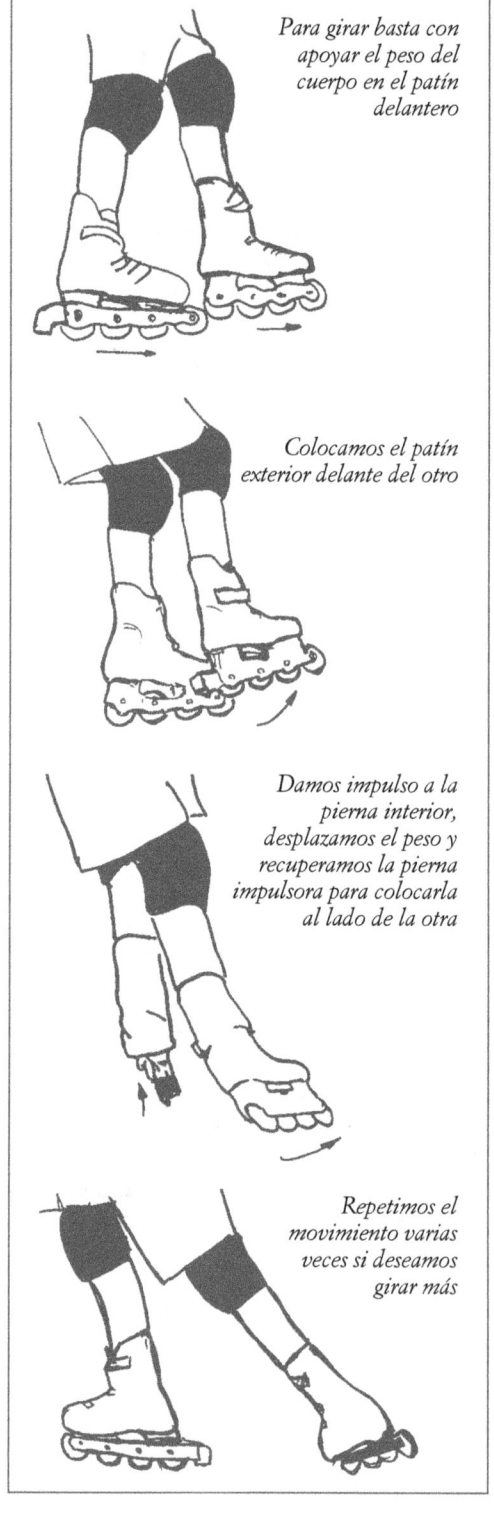

Para girar basta con apoyar el peso del cuerpo en el patín delantero

Colocamos el patín exterior delante del otro

Damos impulso a la pierna interior, desplazamos el peso y recuperamos la pierna impulsora para colocarla al lado de la otra

Repetimos el movimiento varias veces si deseamos girar más

- Es conveniente anticipar el viraje con la mirada y con la parte alta del cuerpo. Los patines deben mantenerse paralelos.

El medio paso de patinador

- Partimos de la posición de pies separados, rodillas ligeramente flexionadas y brazos hacia delante.
- Pasamos el peso del cuerpo al patín interior, impulsándonos con el patín exterior.
- Giramos la cabeza y el tronco en la dirección deseada.
- Una vez producido el impulso, colocamos el patín exterior paralelo al otro.
- Es necesario flexionar bien la rodilla situada en el interior de la curva.

Viraje en paralelo

- Una de las piernas se adelanta respecto a la otra, aunque guardando el paralelismo (posición de tijera). El peso del cuerpo recae ligeramente hacia delante.
- Acentuamos el apoyo hacia delante, al mismo tiempo que inclinamos el cuerpo hacia el interior del viraje.
- Acompañamos el movimiento con los hombros y la mirada.
- Mantenemos los patines paralelos y la posición de tijera.
- Separamos los brazos.

El viraje cruzado

El viraje cruzado no es más que el desarrollo de las técnicas precedentes:

- La posición de partida es la misma, es decir, pies en posición de tijera.
- Nos damos impulso con el patín exterior y desplazamos el peso del cuerpo a la pierna más adelantada.

El peso del cuerpo está apoyado claramente en el interior; la mirada acompaña el viraje (foto Platiau/FEP)

- Seguidamente, volvemos a adelantar el patín exterior, cruzándolo por delante del otro.
- Una vez apoyado, impulsamos la pierna interior hacia el exterior.
- Desplazamos el peso del cuerpo al patín exterior para colocar el pie a la altura del otro o en posición de tijera, si el viraje tiene que continuar.
- El brazo exterior se coloca delante, mientras que el interior se pasa por detrás de la espalda.
- Es importante no descuidar la flexión de rodillas y utilizar el tronco y la cabeza para acompañar el movimiento.

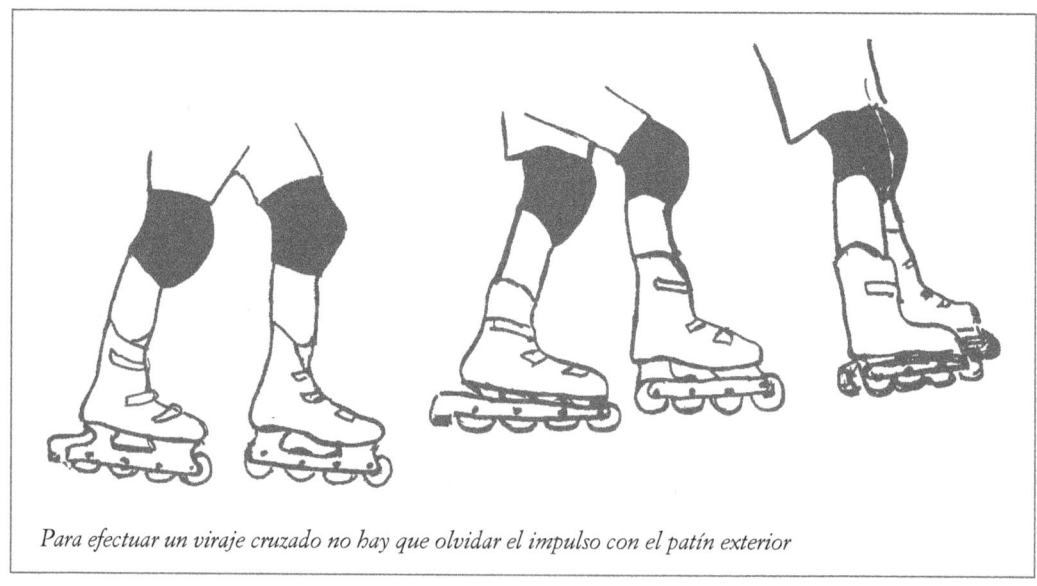

Para efectuar un viraje cruzado no hay que olvidar el impulso con el patín exterior

Los corredores utilizan el viraje cruzado y efectúan juntos el movimiento (foto Martini/FEP)

El objetivo es mantener la velocidad durante el viraje (foto Debacker)

Observemos que el viraje a la izquierda es más fácil para los diestros, al contrario de lo que ocurre con los zurdos.

Para perfeccionar la técnica de giro a los dos lados se necesita un buen entrenamiento.

Patinar hacia atrás

La marcha atrás

- Los pies se colocan con las puntas convergentes, y las rodillas, hacia dentro, ligeramente flexionadas.
- Con la cabeza girada hacia atrás, miramos por encima del hombro y del brazo extendido.
- El otro brazo también está extendido, pero hacia delante, para mejorar el equilibrio.

La técnica de patinar hacia atrás es indispensable cuando se trabaja en slalom (doc. ISC)

- Nos impulsamos presionando con los patines hacia el exterior, con un movimiento simultáneo. Separamos las rodillas.
- Finalizamos el movimiento haciendo converger los talones.
- Flexionamos las rodillas para repartir el peso del cuerpo en los dos pies.

El viraje cruzado hacia atrás

- Los patines se hallan en posición de tijera. La cabeza está girada hacia atrás, acompañada por el brazo correspondiente al lado interior de la curva.
- Las rodillas están flexionadas.
- Llevamos el peso a la pierna interior.
- Mientras flexionamos la rodilla de apoyo, levantamos el patín exterior y lo colocamos delante, y dentro del círculo descrito por el patín interior.
- Dejamos que el peso del cuerpo recaiga en el patín que acabamos de apoyar.
- Levantamos el otro patín y lo colocamos en posición de tijera.

El descenso

- No debemos lanzarnos a la aventura sin antes tener un nivel suficiente. Comencemos a practicar en pendientes suaves.

La técnica de la cuña

- La técnica de frenar en cuña (piernas separadas, puntas de los pies ligeramente convergentes, ruedas apoyadas en las caras internas) resulta de gran utilidad para controlar la velocidad.
- Si queremos aumentar la resistencia, separaremos un poco más las piernas. El trabajo que llevan a cabo los muslos es importante: no conviene por ello, prolongar demasiado esta posición.

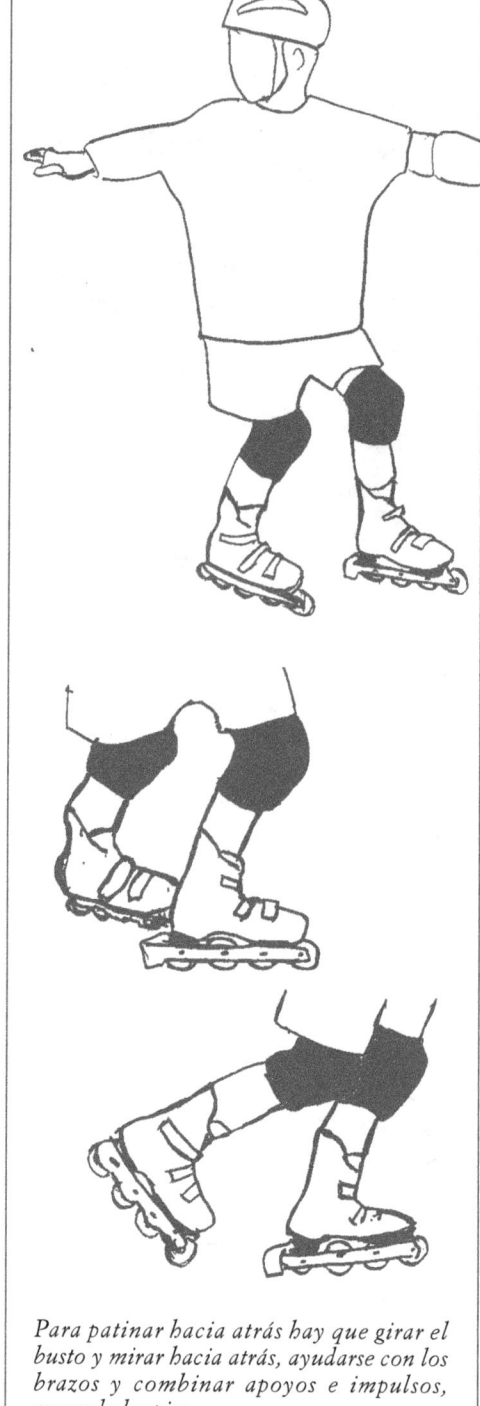

Para patinar hacia atrás hay que girar el busto y mirar hacia atrás, ayudarse con los brazos y combinar apoyos e impulsos, cruzando los pies

Virajes durante el descenso

- Efectuaremos virajes amplios a ambos lados, igual que los esquiadores.
- Los patines se colocan uno más adelantado que el otro, manteniendo el paralelismo entre ellos, es decir, en posición de tijera, y con las rodillas flexionadas. Los brazos se levantan para equilibrar el cuerpo.
- El patín interior, que se encuentra adelantado, es el que marca la dirección. En él apoyaremos el peso del cuerpo para realizar el primer viraje.
- Una vez finalizado el viraje, colocamos paralelos los patines para cruzar la pendiente en diagonal.
- Invertimos la posición de los patines para efectuar el viraje siguiente hacia el lado opuesto.
- Si notamos que vamos demasiado rápidos, lo único que tendremos que hacer es remontar contra la pendiente, y de este modo reduciremos la velocidad o incluso podremos parar.

Subir y bajar de las aceras

Subir

La forma más fácil de subir un bordillo es de lado, en paralelo a la dirección de la marcha:

Como en otros muchos movimientos del patinador, subir y bajar de un bordillo no es más que un cambio de peso de una pierna a otra

- Nos acercamos al bordillo, con los patines paralelos y bastante juntos.
- Apoyamos el peso del cuerpo en la pierna del lado de la calzada.
- Levantamos el otro patín y lo colocamos encima de la acera, con una separación que nos permita mantener el equilibrio.
- Desplazamos el peso del cuerpo sobre la pierna colocada encima de la acera, cuya rodilla está flexionada.
- Luego la extendemos, y el patín de la calzada subirá automáticamente.
- Lo colocamos al lado del otro.
- Utilizaremos los brazos (ligeramente separados) para ayudarnos.

Bajar

El principio es el mismo que para subir. Así pues, evitemos bajar de cara, porque no tendríamos tiempo de preparar el movimiento.

- Desplazamos el peso del cuerpo al patín que está junto a la acera.
- Levantamos el otro patín y lo apoyamos en la calzada, mediante una flexión de la pierna contraria.
- Ayudándonos con los brazos para mantener el equilibrio, apoyamos el peso del cuerpo en el patín de la calzada.
- Colocamos el otro patín al lado.
- Reanudamos los movimientos de patinaje tan pronto como hayamos recuperado el equilibrio.
- Hay que tener mucho cuidado con las cunetas, las alcantarillas, etc.

Cómo se sortea un obstáculo

Levantando un patín

- Si miramos siempre hacia delante, podremos ver los objetos que obstacu-

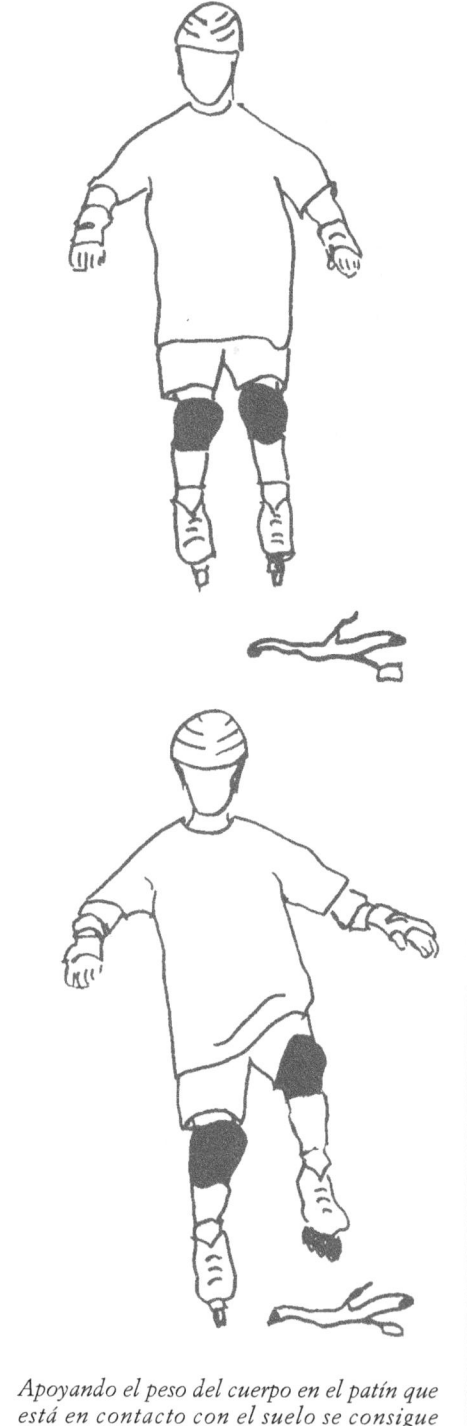

Apoyando el peso del cuerpo en el patín que está en contacto con el suelo se consigue levantar el otro pie para evitar un obstáculo

lizan nuestra marcha. Esto nos permitirá sortearlos o saltarlos.
- Si se trata de un obstáculo pequeño aplicaremos la misma técnica que para subir y bajar los bordillos.
- Cargamos todo el peso del cuerpo en el patín que está en contacto con el piso.
- Levantamos el otro patín, lo pasamos sobre el objeto y lo apoyamos.
- Flexionamos la rodilla, y mantenemos el equilibrio con los brazos.

Saltando

- Flexionamos una pierna y nos impulsamos, a la vez que adelantamos la otra.
- La otra pierna sigue el movimiento.
- La caída se efectuará sobre la pierna que hemos levantado en primer lugar, queamortiguará el impacto.

La única dificultad que presenta este movimiento es la caída con un solo pie

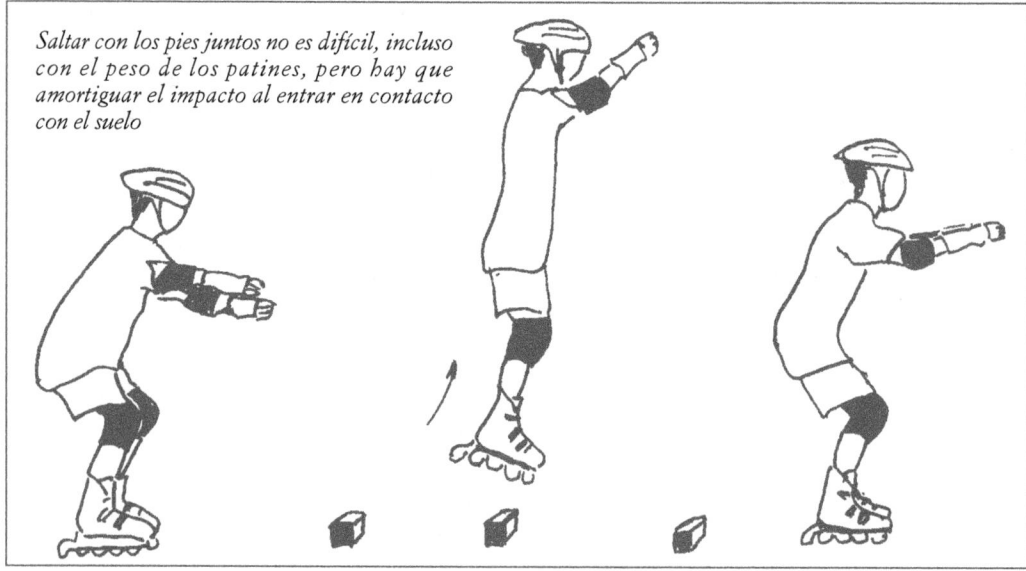

Saltar con los pies juntos no es difícil, incluso con el peso de los patines, pero hay que amortiguar el impacto al entrar en contacto con el suelo

- El segundo patín tiene que volver a contactar con el suelo lo más rápidamente posible, manteniendo una posición flexionada, de modo que el centro de gravedad bajo nos facilite la recuperación del equilibrio.

Saltando con los dos pies

- Damos un fuerte impulso.
- En el aire, procuraremos mantener las puntas de los patines paralelas.
- Al caer, flexionaremos las rodillas.

Con impulso, un trampolín y un poco de entrenamiento, pronto podremos hacerlo igual (foto Rollerblade)

Patinar seguro

Patinar no es más peligroso que ir en bicicleta o que cualquier otra actividad en la que un sistema mecánico multiplique la velocidad del ser humano. Precisamente esta velocidad y la falta de control sobre ella, debido a diferentes motivos (obstáculos, estado de las ruedas, tipo de firme, colisión con otro practicante o contra un vehículo, etc.), así como el riesgo excesivo al que se exponen a veces los practicantes, pueden provocar accidentes.

Las protecciones

Tal como se explica en el capítulo dedicado al equipamiento del patinador, las protecciones (casco, rodilleras, guantes, muñequeras, coderas) son indispensables para evitar las magulladuras durante el aprendizaje. La inversión no es excesivamente importante, teniendo en cuenta la magnitud de las lesiones que con ellas se logra evitar. Debemos saber que no se hace el ridículo por llevar protecciones: cuando suframos una caída nos daremos cuenta de ello.

Aunque debido al calor llevemos poca ropa, no hay que quitarse nunca las protecciones (foto Rollerblade)

Progresividad en el aprendizaje

Al igual que cualquier otro deporte, el patinaje requiere un periodo de aprendizaje. Para adquirir una buena base, es conveniente leer esta obra, consultar revistas especializadas, observar a los demás patinadores, solicitar la opinión de practicantes más experimentados, participar en las actividades y en los

No intentemos figuras demasiado complicadas, a no ser que tengamos grandes condiciones físicas (foto Rollerblade)

entrenamientos programados en el marco de organizaciones especializadas. En resumen, no podemos lanzarnos a la aventura sin un bagaje mínimo.

En cuanto a las distintas disciplinas de patinaje, será útil consultar la lista de algunos clubes españoles afiliados a la FEP, en donde figuran las respectivas especialidades.

Respetar el código de conducta del patinador

Por razones de educación y civismo, así como también por razones legales (código de circulación, disposiciones municipales o de la prefectura de policía), no se puede patinar en cualquier lugar ni de cualquier manera. Desde hace un tiempo, la prensa especializada centra sus esfuerzos en dar unas pautas de orden.

En Francia, mediante las opiniones y los consejos de algunos colaboradores, se ha propuesto un código de «buena conducta» (véase el recuadro de la página siguiente) con vistas a lograr que esta actividad se lleve a cabo sin provocar reacciones contrarias por parte de los no practicantes y procurando al mismo tiempo evitar los accidentes.

Importancia de los factores climatológicos

Las condiciones meteorológicas pueden ser causa de accidentes.

Controlemos la velocidad, *de manera que podamos detenernos a tiempo en los cruces y podamos esquivar a las personas que no se hayan percatado de nuestra presencia.*

Respetemos el código de la circulación. *Más adelante veremos que el patinador tiene las mismas obligaciones y deberes que un peatón y, por lo tanto, deberá utilizar los pasos de cebra, los semáforos y otras señalizaciones. En los tramos en donde haya carril bici, el patinador deberá circular por la derecha sin obstaculizar el paso de las bicicletas.*

Señalicemos los adelantamientos, *que deberemos efectuar por la izquierda.*

Comportémonos con educación *con los demás peatones, con quienes compartimos la acera. Avisémosles de nuestra llegada y no pasemos rozándoles a toda velocidad. Estemos atentos a las posibles reacciones imprevisibles por parte de niños y de personas ancianas, que suelen tener los reflejos más lentos y se impresionan fácilmente. Resumiendo: pensemos en los demás.*

Desconfiemos de los automovilistas. *Los conductores, que ya suelen prestar poca atención a los vehículos de dos ruedas, seguramente no nos verán. Y nosotros no tenemos carrocería.*

No provoquemos a los automovilistas, *ni tan siquiera en los embotellamientos, aprovechando nuestra movilidad. Evitemos los gestos agresivos u obscenos, y sobre todo los golpes en las carrocerías.*

No nos agarremos a los vehículos, *porque además de que podemos ser multados, es un riesgo inútil, por muy hábiles que seamos. El automovilista puede reaccionar imprevisiblemente al percibir nuestra presencia.*

Comportémonos con amabilidad, *saludando al patinador con el que nos cruzamos, deteniéndonos para ayudarle si ha sufrido una caída, aconsejando a los principiantes y pregonando con el ejemplo las normas de buena conducta.*

Respetemos y hagamos respetar el código de conducta del patinador (foto Rollerblade)

La lluvia, la humedad y, en general, los suelos mojados pueden provocar patinazos y derrapajes incontrolados. Por otra parte, nuestra ropa también puede sufrir las consecuencias de una caída por culpa del agua. En otoño habrá que tener cuidado con la hojarasca que cubre el suelo, y en invierno con el hielo y la nieve. Si realmente insistimos en patinar en estas condiciones, circularemos con prudencia, a poca velocidad. Los movimientos serán suaves, sin gestos bruscos. Procuraremos evitar las cuestas demasiado pendientes y las bajadas demasiado rápidas. Para frenar aplicaremos la técnica del derrapaje o del frenado en T, sin olvidar que en condiciones de falta de adherencia aumenta la distancia de frenado. Tampoco tendremos que fiarnos de los cambios de firme y de las pinturas particularmente resbaladizas utilizadas en las señalizaciones en el suelo (los motoristas conocen perfectamente sus propiedades).

Ser vistos

Si patinamos de noche, debemos procurar que se nos vea bien, utilizando algún tipo de iluminación y reflectantes, que aplicaremos a ropa, mochilas, patines y casco.

El seguro

Al estar considerado el patinador como un peatón más, la responsabilidad civil incluida en los seguros de responsabilidad civil familiar cubre los riesgos de accidentes, al igual que la mayor parte de los seguros escolares cubren los trayectos de casa a la escuela.

Para patinar, la licencia de la federación incluye un seguro que cubre este tipo de actividad, en el marco de las actividades propias de los clubes y de las manifestaciones deportivas.

Si no pertenecemos a ninguna asociación deportiva, nuestro agente de segu-

El mejor lugar para patinar es por la acera y en los lugares especialmente asignados para ello (foto Platiau/FEP)

En la carretera hay que vigilar sobre todo el tráfico motorizado (foto Stevens/FEP)

Mantenimiento del material

Revisemos bien los patines. Comprobemos los ajustes, el desgaste de las ruedas y de los frenos, y recordemos que hay unas operaciones de engrase a realizar.

El patinaje y el Código de la circulación

No existe ninguna disposición legal que regule la circulación de las personas con patines. En lo referente a los textos oficiales, tendremos que atenernos a las disposiciones relacionadas con la circulación de peatones que figuran en el Código de circulación, aplicables a usuarios de patines y de monopatines.

A grandes rasgos, los patinadores deben circular por las aceras sin provocar accidentes. Igualmente, tienen que cruzar la calzada por los pasos señalizados, respetar los semáforos y las indicaciones de los agentes de la circulación. Para todo debate jurídico, es preferible leerse los textos oficiales del Código de la circulación, independientemente de si se tiene o no permiso de conducir («la ignorancia de la ley no exime de la falta»).

ros nos podrá proponer una póliza individual que cubra responsabilidad civil, defensa y reclamación, accidentes con daños corporales, etc. Merece la pena informarse bien, puesto que no se trata de asegurarse para el desarrollo de una actividad concreta, sino de cubrir la circulación como peatón.

Las distintas disciplinas

El patinaje de recreo y la marcha

Cuando hablamos de patinaje de recreo, o *fitness*, nos referimos al patinaje cuyo único objetivo es realizar una actividad beneficiosa para el cuerpo. Conceptualmente, sería algo parecido a hacer *jogging* con patines. No hay nada que obligue al patinador a superarse o a recorrer decenas de kilómetros a una determinada velocidad. Ante todo, debe ser una actividad placentera. Igual que ocurre con el ciclismo, cada persona ha de adaptar el ritmo a sus capacidades, desde la velocidad tranquila de paseo hasta la velocidad de carrera, pasando por la marcha de media distancia, cada uno según su temperamento.

Los patines

A la hora de efectuar la compra, podemos vernos asaltados por un mar de dudas. Existe una gran cantidad de modelos, cuyos precios van de las 7.500 pesetas hasta las 50.000. Para ayudarnos a escoger, hay tiendas especializadas que nos pueden informar sobre las gamas de patines en línea y los usos a los que están destinados.

La bota tiene que ser cómoda, y la *carcasa* rígida y con orificios para ventilación. El tobillo ha de quedar bien sujeto, pero sin perder el movimiento de flexión.

El *botín* tiene aireación y no posee costuras visibles. Su suela es anatómica y la lengüeta está perfectamente acolchada.

El *sistema de cierre* ha de ser práctico. Por lo general consiste en un tipo de ganchos parecidos a los de las botas de esquí, que ofrecen la posibilidad de un ajuste milimétrico. El uso de cordones requiere algo más de tiempo, pero permite un mejor ajuste del pie. En algunos casos, los botines cierran mediante velcro, que es un sistema menos eficaz.

La *plantilla* es de fibra o de aluminio. Este material, al ser demasiado elástico absorbe gran parte de las irregularidades del terreno, pero carece de precisión. Los modelos de más calidad poseen reglajes longitudinales y laterales. Un punto que debe revisarse es el anclaje con la bota.

Los *frenos*, en la mayoría de modelos, consisten en un taco de fricción situado en la parte exterior, detrás del pie. Pueden ser simples, reforzados o también integrados: todo depende del precio. Al comprar los patines, no debemos olvidarnos de comprar tacos de freno de recambio.

Las *ruedas* y los *rodamientos*. Las ruedas deben tener un diámetro mínimo de 72 milímetros, aunque la medida preferible es 78 milímetros, o incluso un poquito más. Aunque el centro de gravedad quede ligeramente más elevado, se gana en comodidad y en capacidad de absorción de las irregularidades. La goma ha de ser blanda, es decir, de una dureza inferior a 83 A. De este modo, se disfrutará de una mayor comodidad y adherencia. Su forma será entre elíptica y redonda para permitir una circulación rápida sin perder estabilidad. Los mejores rodamientos tienen que llevar la referencia ABEC (1, 3 o 5), un sistema americano de clasificación de rodamientos anulares.

Cuanto más alto sea nuestro presupuesto, más posibilidades tendremos de hacernos con unos patines de calidad. Previamente pediremos la opinión a otros practicantes. Un consejo en este sentido es desconfiar de aquellos que sólo tienen ojos para el material que llevan en sus pies. Normalmente, las tiendas especializadas cuentan con el asesoramiento de un vendedor experto (que suele ser patinador). Es conveniente evitar los modelos de gama baja que suelen venderse en las grandes superficies, ya que se deforman con gran rapidez.

Completemos el equipo con coderas (unas 2.500 ptas.), muñequeras (aproximadamente 2.000 ptas.), rodilleras (3.500 ptas.) y un casco (8.500 ptas.).

Dónde patinar

Podemos patinar por donde queramos, sabiendo que, desde la perspectiva del Código de circulación, estamos sujetos a las mismas obligaciones que un peatón (ver capítulo referente a la seguridad). Si somos principiantes, escogeremos preferiblemente un lugar despejado, sin tráfico y sobre todo sin una excesiva afluencia de patinadores que puedan minar nuestra moral.

Cuando nos sintamos seguros de nuestras posibilidades, ya podremos lanzarnos a la gran aventura de circular patinando. Comprobemos el estado del material, en especial de las ruedas y de los frenos. No hay ningún motivo para dejar de utilizar las protecciones. En una pequeña mochila llevaremos lo indispensable: un chubasquero, barritas energéticas, agua, un mapa (si es necesario), algo de dinero y una tarjeta telefónica. Si tenemos la intención de realizar alguna visita o de parar en algún bar, no olvidemos el calzado de recambio.

La marcha

Para empezar escogeremos un itinerario con poco tráfico, para que el paseo no se convierta en un infierno. Al principio, aunque tengamos una cierta preparación física de base, no recorreremos grandes distancias. El trabajo muscular podría producirnos calambres en los muslos. No prescindamos del calentamiento antes de empezar la actividad, y no olvidemos prever una parada suficientemente larga que nos permita recuperarnos antes de la vuelta.

El modelo Tango SL de Rollerblade es un patín de paseo, cómodo y eficaz (foto Rollerblade)

Los itinerarios

Todavía no existe ninguna guía dedicada a los circuitos aptos para el patinaje, aunque no creemos que tarde demasiado en salir la primera. En toda España son habituales las concentraciones de patinadores en los paseos marítimos de ciudades y pueblos de veraneo, como Marbella, Sitges, etc. En otras ciudades, como Barcelona, existen lugares clásicos de reunión entre patinadores, especialmente por las noches: el Puerto Olímpico, las Ramblas (desde donde los patinadores se dirigen hacia el mar o a la montaña)... En Lérida, el punto de mayor concentración es en el Clot de les Granotes, lugar donde se deciden los itinerarios.

Las fiestas del patín

No se pueden llamar carreras, puesto que son simplemente reuniones de patinadores en una ciudad que los acoge y transforma sus calles en una pista de patinaje. Entre las más importantes, destacan el «Roller-Skating de París», el «Roma Roller Race», y todas las fiestas del patín en cuyo programa se incluye un recorrido largo, como la «Fiesta de los patines de El Corte Inglés», que en 1997 ha celebrado en Barcelona su cuarta edición: se trata de una gran manifestación ciudadana de patinaje urbano (unas 17.000 personas) que consiste en un gran paseo popular no competitivo y donde además se organizan diversas actividades como son las carreras de velocidad y *slalom* paralelo para federados y aficionados, una exhibición profesional, encuentros de hockey, etcétera.

En otras ciudades españolas también se organizan estas fiestas: así nos encontramos con que en Elche, por ejemplo,

Para patinar se pueden aprovechar las calles peatonales, aunque hay muchos otros lugares (foto D.R.)

tiene lugar una marcha con un recorrido de unos 9 km; por otra parte, en Sevilla se organiza otra fiesta importante que además del recorrido de la marcha incluye múltiples y variadas actividades (aerobic sobre patines, carreras de velocidad, baile con patines, eliminatorias de slaloms, etcétera).

La intención de estas fiestas es difundir el deporte del patín, y transmitir algunos mensajes a los ya practicantes, mediante eslóganes como «patina con cabeza».

Los *raids*

El primer raid del que se tiene noticia tuvo lugar en 1790: un patinador suizo recorrió veinte kilómetros entre La Haya y Scheveningen, en Holanda, y es posible imaginarse en qué condiciones. También hay que citar al americano Blasz, apodado *The Flying Shoemaker*, quien, en 1929, recorrió 32.137 kilómetros montado en patines con ruedas de metal.

Desde hace ya más de una década, han nacido las marchas de larga distancia, en las que se conjuga velocidad y kilometraje, la mayoría de las cuales han sido llevadas a cabo por franceses. La primera se celebró en 1981, con el itinerario París-Deauville (192 kilómetros). En aquel mismo año, la París-Niza se realizó en doce días; en 1987, la París-Grenoble, en cinco días; la Versailles-Biarritz (925 kilómetros), en trece días, y, al año siguiente, la París-Burdeos (con 670 kilómetros), en siete días, por citar sólo las más importantes.

Los grandes especialistas del raid fueron un equipo de cuatro patinadores que cruzaron el mundo entre los años 1983 y 1986: J.-P. Jubault, A. de Givenchy, B. Boyer y P. Le Cornec. En su palmarés cuentan con la travesía de los Estados Unidos de este a oeste (6.800 kilómetros), y luego de norte a sur (4.800 kilómetros); la vuelta a Francia (3.680 kilómetros); Olympia (Grecia)-Saint-Brieuc (4.500 kilómetros). Existen otros raids igualmente impresionantes: el Trans-Alaska, Shanghaí-Pekin, el Trans-Australia, Rennes-Moscú, etc.

Actualmente sigue habiendo patinadores que se lanzan a la aventura. En 1995, cinco jóvenes de Saint-Hilaire-du-Harcouët (Manche), deseosos de descubrir grandes espacios, fueron de Canadá a México. En 1996, siete patinadores fueron de Gibraltar a Frankfurt en treinta y cuatro etapas, cubriendo una distancia total de 2.870 kilómetros. Recientemente, Fabrice Gropaiz salió de San Francisco en marzo de 1996 para atravesar Estados Unidos de este a oeste, y llegó a la costa atlántica a principios de agosto. En su punto de mira figura dar la vuelta al mundo, cruzando Europa, Rusia, Mongolia, China, Japón, Australia y vuelta a Estados Unidos.

De todos modos, sin llegar a dar la vuelta al globo, se puede perfectamente participar en raids más pequeños. Este

El patinaje no es un deporte moderno, sino que ya estaba de moda en los años veinte (col. Nieswizski)

tipo de pruebas está al alcance de todos siempre que se tenga una buena preparación física, psíquica y, sobre todo, se prepare la expedición con detalle si se desea ir lejos. Además, se requieren meses de trabajo y bastante dinero.

El hockey sobre patines

Este deporte de equipo que se juega con *sticks* apareció en 1877. Los precursores de la modalidad sobre ruedas fueron los americanos.

Sam Nieswizski, de quien ya hemos hablado en el apartado de este libro dedicado a la historia, nos muestra en su libro *Rollermania* una ilustración de un partido de polo sobre patines, fechada en 1883, un juego que sin ninguna duda fue el antecesor del hockey sobre patines.

En España se jugaba ya en 1915. La reglamentación utilizada era similar a la del hockey sobre hierba. En caso de lesión u otro percance, el equipo se quedaba en inferioridad numérica hasta que se resolviera.

Entre los pocos equipos que había se formaron dos categorías: primera y segunda, que estaban muy focalizadas en Cataluña. Actualmente ha aumentado el número de equipos no catalanes, especialmente del norte (Galicia y Asturias), Canarias y Madrid. Existen tres

El hockey sobre patines se empezó a jugar en América, y poco después ya se practicaba en varios países europeos (col. Nieswizski)

categorías, y una cuarta en Cataluña: División de Honor, 1.ª y 2.ª División Nacional (esta última de carácter regional y donde los primeros clasificados efectúan una liguilla para ascender).

A medida que pasaba el tiempo, iban proliferando los equipos, y en 1928 se funda la Federación Catalana de Hockey sobre Patines por iniciativa de Pironti, con la ayuda de los estatutos de la Federación Italiana. En aquella época, el reglamento que se utilizaba era distinto al de ahora, incluso al del resto de Europa.

Con el tiempo, el disco de madera es sustituido por la actual bola de caucho y en 1946 se introducen también en España las pistas valladas y se institucionaliza el hockey, con la creación de la Real Federación Española de Hockey y Patinaje (que englobaba las modalidades sobre hierba y sobre ruedas). Este mismo año se inscribe en la Federación Internacional, y la selección española participa en el europeo-mundial de Lisboa (1947) obteniendo el tercer puesto. Hasta el momento Inglaterra era el campeón absoluto.

El hockey sobre patines ha tenido el rango de deporte de demostración en los Juegos Olímpicos de Barcelona.

Después de la segunda guerra mundial, los portugueses pasaron a dominar el panorama internacional, como avalan los quince títulos de campeones de Europa entre 1947 y 1977, y doce campeonatos del mundo entre 1947 y 1982. El hockey sobre patines se ha convertido en un deporte muy popular en los países latinos, en donde hay equipos profesionales que llenan las gradas de aficionados. Las grandes potencias de este deporte son, además de Portugal, España, Italia y Argentina.

España ganó su primer gran título mundial en 1951 en Barcelona, y aquel título fue definitivo para la expansión del deporte en todo el territorio. Este éxito se revalidaría en 1954 en el mismo escenario. Ese año la Federación se independizó y pasó a ser la Federación Española de Patinaje, que englobaba el patinaje artístico, de velocidad y el hockey sobre patines.

Normas principales

El terreno de juego

Las dimensiones de una pista de hockey sobre patines son 44 × 22 metros, como máximo, y 34 × 17 metros, como mínimo. Las medidas más habituales son 40 × 20 metros. Los suelos más utilizados son el parqué, el granito o el cemento.

Formación de los equipos

Los equipos están formados por un máximo de diez jugadores, incluyendo dos guardametas.

Los encuentros se disputan entre dos equipos formados por cuatro jugadores de campo y un portero.

Los cambios de jugadores pueden efectuarse en cualquier momento, sin necesidad de detener el juego.

Duración del encuentro

Un partido de campeonato se desarrolla en dos partes de veinticinco minutos de juego efectivo. Estas partes están separadas por una pausa de diez minutos.

En torneos, el tiempo de juego se reduce a veinte minutos.

Cada entrenador dispone de un tiempo muerto de un minuto en cada parte.

Arbitraje

Los encuentros están dirigidos por un árbitro en campeonato y dos árbitros en torneo.

Inicio del encuentro

El árbitro del encuentro, acompañado de los dos capitanes de equipo, efectúa el sorteo para asignar campo y el saque inicial.

Los equipos cambian de campo y de saque durante el descanso.

El saque inicial y los saques tras los goles se realizan desde el centro del terreno de juego.

Las faltas

Está estrictamente prohibido y sancionado el juego violento.

No están permitidos el lanzamiento de un stick, la carga, la obstrucción voluntaria, los empujones y los agarrones por la cintura.

También está prohibido pegar o zancadillear a otro jugador con el stick, chutar la bola con el patín y levantar el stick a una altura superior a la del hombro.

Las infracciones, indicadas por el árbitro con el silbato, se penalizan, según las circunstancias, con los siguientes castigos:

1. golpe franco directo o indirecto;
2. penalti;
3. expulsión temporal del jugador (de dos a cinco minutos);
4. expulsión definitiva del jugador.

El arbitro dispone de tres cartulinas:

1. amarilla, para amonestar;
2. azul, para señalar exclusión temporal;
3. roja, para indicar expulsión.

Los principios fundamentales del hockey sobre patines son los siguientes:

— en todo momento, la bola debe poder ser jugada;
— las infracciones a las reglas elementales de deportividad son sancionadas.

Se puede jugar indiferentemente con patines en línea o con patines convencionales, aunque estos últimos, al tener más nervio y permitir giros más cortos, son los preferidos (foto D.R.)

PALMARÉS LIGA NACIONAL (División de Honor)

Año	Campeón	Subcampeón	Tercero
1965	Voltregà	Reus Deportivo	Inriva
1966	Reus Deportivo	Vilanova	Girona
1967	Reus Deportivo	S.F. Terrassa	Mataró
1968	Mataró	Vilanova	Montemar
1969	Reus Deportivo	Español	Montemar
1969-70	Reus Deportivo	Noia	Español
1970-71	Reus Deportivo	Noia	Voltregà
1971-72	Reus Deportivo	Barcelona	Noia
1972-73	Reus Deportivo	Sentmenat	Arenys de Munt
1973-74	Barcelona	Voltregà	Reus Deportivo
1974-75	Voltregà	Barcelona	Cerdanyola
1975-76	Voltregà	Vilanova	Barcelona
1976-77	Barcelona	Reus Deportivo	Voltregà
1977-78	Barcelona	Voltregà	Reus Deportivo
1978-79	Barcelona	Reus Deportivo	Sentmenat
1979-80	Barcelona	Tordera	Reus Deportivo
1980-81	Barcelona	Noia	Liceo
1981-82	Barcelona	Liceo	Cibeles
1982-83	Liceo	Barcelona	Reus Deportivo
1983-84	Barcelona	Tordera	Liceo
1984-85	Barcelona	Liceo	Noia
1985-86	Liceo	Barcelona	Noia
1986-87	Liceo	Barcelona	Noia
1987-88	Noia	Liceo	Igualada
1988-89	Igualada	Liceo	Barcelona

PALMARÉS COPA DEL REY

Año	Localidad	Campeón	Subcampeón	Resultado
1944	Barcelona	Español	Cerdanyola	4-1
1945	Reus	Unión Barcelona	Girona H.C.	2-1
1946	Girona	Reus Ploms	Español	6-3
1947	Barcelona	Español	G.E. i E.G.	9-3
1948	Reus	Español	Club Patín	3-1
1949	Barcelona	Español	G.E. i E.G.	6-0
1950	Sabadell	Club Patín	Reus Deportivo	5-0
1951	Barcelona	Español	Reus Deportivo	Liga
1952	Barcelona	Reus Deportivo	Español	2-1
1953	Barcelona	Barcelona	Español	2-1
1954	Valencia	Español	Reus Deportivo	2-1
1955	Madrid	Español	Barcelona	2-1
1956	Barcelona	Español	Barcelona	2-1
1957	Salamanca	Español	Barcelona	4-1
1958	Madrid	Barcelona	Español	Liga
1959	San Hipòlit V.	Arrahona	Voltregà	Liga
1960	Barcelona	Voltregà	Barcelona	Liga

(continuación)

PALMARÉS COPA DEL REY

Año	Localidad	Campeón	Subcampeón	Resultado
1961	Salt	Español	Igualada	Liga
1962	Palma de Mallorca	Español	Voltregà	Liga
1963	Cerdanyola	Barcelona	Voltregà	Liga
1964	La Coruña	Vilanova	Voltregà	Liga
1965	Girona	Voltregà	Arrahona	2-0
1966	Barcelona	Reus Deportivo	Vilanova	1-0
1967	Mataró	Mataró	Vilanova	2-1
1968	Alicante	Vilanova	Montemar	2-1
1969	La Rápita	Voltregà	Barcelona	4-1
1970	Barcelona	Reus Deportivo	Voltregà	5-1
1971	Barcelona	Reus Deportivo	Noia	4-1
1972	Sabadell	Barcelona	Reus Deportivo	3-1
1973	Mieres	Reus Deportivo	Cerdanyola	5-4
1974	Sevilla	Voltregà	Barcelona	4-2
1975	Sabadell	Barcelona	Voltregà	3-1
1976	Alcoy	Vilanova	Voltregà	6-5
1977	Murcia	Voltregà	Barcelona	7-2
1978	Lloret de Mar	Barcelona	Voltregà	5-4
1979	Alcobendas	Barcelona	Reus Deportivo	2-0
1980	Salamanca	Cibeles	Barcelona	4-0
1981	Vic	Barcelona	Cibeles	5-2
1982	Alcoy	Liceo	Reus Deportivo	8-5
1983	Sta. Cruz de Tenerife	Reus Deportivo	Liceo	4-1
1984	La Coruña	Liceo	Barcelona	4-2
1985	Palma de Mallorca	Barcelona	Liceo	7-0
1986	La Coruña/Barcelona	Barcelona	Liceo	3-3 y 5-2
1987	Barcelona/La Coruña	Barcelona	Liceo	12-3 y 6-6
1988	Oviedo	Liceo	Noia	N.P. Noia
1989	La Coruña/Igualada	Liceo	Igualada	7-7 y 4-3

PALMARÉS COPA DE EUROPA

Año	Campeón	Subcampeón	Resultado
1965-66	Voltregà	Candy Monza (Ita.)	6-2 y 3-1
1966-67	Reus Deportivo	Candy Monza (Ita.)	6-3 y 3-3
1967-68	Reus Deportivo	Triestina (Ita.)	6-2 y 2-0
1968-69	Reus Deportivo	Benfica (Por.)	7-1 y 0-3
1969-70	Reus Deportivo	Voltregà	12-5 y 6-8
1970-71	Reus Deportivo	Novara (Ita.)	9-4 y 7-7
1971-72	Reus Deportivo	Novara (Ita.)	11-0 y 2-11
1972-73	Barcelona	Benfica (Por.)	5-3 y 7-7
1973-74	Barcelona	Lourenço Marques (Por.)	8-2 y 4-5
1974-75	Voltregà	Barcelona	5-5 y 6-4
1975-76	Voltregà	Barcelona	3-1 y 2-2
1976-77	Sporting Lisboa (Por.)	Vilanova	6-0 y 6-3

(continuación)

PALMARÉS COPA DE EUROPA			
Año	*Campeón*	*Subcampeón*	*Resultado*
1977-78	Barcelona	Sunday's (Bel.)	8-2 y 5-1
1978-79	Barcelona	Reus Deportivo	6-2 y 1-3
1979-80	Barcelona	Benfica (Por.)	5-2 y 6-3
1980-81	Barcelona	Giovinazzo (Ita.)	6-1 y 6-2
1981-82	Barcelona	Amatori Lodi (Ita.)	4-1 y 6-4
1982-83	Barcelona	Sentmenat	14-6 y 9-1
1983-84	Barcelona	Liceo La Coruña	6-2 y 2-3
1984-85	Barcelona	Oporto (Por.)	6-4 y 4-5
1985-86	Oporto (Por.)	Novara (Ita.)	5-3 y 7-5
1986-87	Liceo La Coruña	Oporto (Por.)	4-3 y 4-2
1987-88	Liceo La Coruña	Novara (Ita.)	4-1 y 1-2
1988-89	Noia	Sporting Lisboa (Por.)	3-1 y 7-4

PALMARÉS CAMPEONATO DE EUROPA				
Año	*Localidad*	*Campeón*	*Subcampeón*	*Tercero*
1926	Herne Bay (Inglaterra)	Inglaterra	Francia	Alemania
1927	Montreux (Suiza)	Inglaterra	Francia	Suiza
1928	Herne Bay (Inglaterra)	Inglaterra	Francia	Alemania
1929	Montreux (Suiza)	Inglaterra	Italia	Francia
1930	Herne Bay (Inglaterra)	Inglaterra	Francia	Alemania
1931	Montreux (Suiza)	Inglaterra	Francia	Suiza
1932	Herne Bay (Inglaterra)	Inglaterra	Alemania	Francia
1934	Herne Bay (Inglaterra)	Inglaterra	Alemania	Suiza
1936	Stuttgart (Alemania)	Inglaterra	Italia	Portugal
1937	Herne Bay (Inglaterra)	Inglaterra	Suiza	Portugal
1938	Amberes (Bélgica)	Inglaterra	Italia	Bélgica
1939	Montreux (Suiza)	Inglaterra	Italia	Portugal
1947	Lisboa (Portugal)	Portugal	Bélgica	España
1948	Montreux (Suiza)	Portugal	Inglaterra	Italia
1949	Lisboa (Portugal)	Portugal	España	Italia
1950	Milán (Italia)	Portugal	Italia	Suiza
1951	Barcelona	España	Portugal	Italia
1952	Oporto (Portugal)	Portugal	Italia	España
1953	Ginebra (Suiza)	Italia	Portugal	España
1954	Barcelona	España	Portugal	Italia
1955	Milán (Italia)	España	Italia	Portugal
1956	Oporto (Portugal)	Portugal	España	Italia
1957	Barcelona	España	Italia	Portugal
1959	Ginebra (Suiza)	Portugal	España	Italia
1961	Turín (Italia)	Portugal	España	Italia
1963	Oporto (Portugal)	Portugal	España	Holanda
1965	Lisboa (Portugal)	Portugal	España	Italia
1967	Bilbao	Portugal	España	Holanda

(continuación)

	PALMARÉS CAMPEONATO DE EUROPA			
Año	Localidad	Campeón	Subcampeón	Tercero
1969	Lausana (Suiza)	España	Portugal	Holanda
1971	Lisboa (Portugal)	Portugal	España	Italia
1973	Iselhorn (Alemania F.)	Portugal	España	Alemania F.
1975	Viareggio (Italia)	Portugal	España	Italia
1977	Oporto (Portugal)	Portugal	España	Italia
1979	Barcelona	España	Portugal	Italia
1981	Essen (Alemania F.)	España	Portugal	Holanda
1983	Vercelli (Italia)	España	Portugal	Italia
1985	Barcelos (Portugal)	España	Italia	Portugal
1987	Oviedo	Portugal	España	Italia

	PALMARÉS CAMPEONATO DEL MUNDO			
Año	Localidad	Campeón	Subcampeón	Tercero
1936	Stuttgart (Alemania)	Inglaterra	Italia	Portugal
1939	Montreux (Suiza)	Inglaterra	Italia	Portugal
1947	Lisboa (Portugal)	Portugal	Bélgica	España
1948	Montreux (Suiza)	Portugal	Inglaterra	Italia
1949	Lisboa (Portugal)	Portugal	España	Italia
1950	Milán (Italia)	Portugal	Italia	Suiza
1951	Barcelona	España	Portugal	Italia
1952	Oporto (Portugal)	Portugal	Italia	España
1953	Ginebra (Suiza)	Italia	Portugal	España
1954	Barcelona	España	Portugal	Italia
1955	Milán (Italia)	España	Italia	Portugal
1956	Oporto (Portugal)	Portugal	España	Italia
1958	Oporto (Portugal)	Portugal	España	Italia
1960	Madrid	Portugal	España	Argentina
1962	Santiago (Chile)	Portugal	Italia	España
1964	Barcelona	España	Portugal	Italia
1966	Sao Paulo (Brasil)	España	Portugal	Argentina
1968	Oporto (Portugal)	Portugal	España	Aegentina
1970	San Juan (Argentina)	España	Portugal	Italia
1972	La Coruña	España	Portugal	Argentina
1974	Lisboa (Portugal)	Portugal	España	Argentina
1976	Oviedo	España	Argentina	Portugal
1978	San Juan (Argentina)	Argentina	España	Portugal
1980	Talcahuano (Chile)	España	Argentina	Portugal
1982	Lisboa (Portugal)	Portugal	España	Argentina
1984	Novara (Italia)	Argentina	Italia	Portugal
1986	Sertaozinho (Brasil)	Italia	España	Portugal
1988	La Coruña	Italia	España	Portugal
1989	San Juan (Argentina)	España	Portugal	Italia

El portero, convenientemente protegido, tiene que detener los disparos del equipo contrario (foto D.R.)

El equipamiento del jugador de campo

— El stick: tiene un peso máximo de 500 gramos, una longitud que va de 90 a 115 centímetros, y una anchura en la base de 5 centímetros;
— rodilleras;
— guantes;
— coquilla;
— espinilleras;
— la bola: tiene un peso de 155 gramos y un perímetro de 23 centímetros;
— los patines: la separación de las ruedas, delanteras y traseras, tiene que ser de 12 centímetros.

El equipamiento del guardameta

— Guantes: de 25 centímetros de anchura;
— defensas: tienen 4 centímetros de espesor, 75 centímetros de longitud, 35 centímetros de anchura y 30 centímetros de anchura en el pie;
— casco con rejilla protectora;
— peto.

El hockey con patines en línea

Un deporte originario de Estados Unidos

Si la historia del hockey sobre hierba o en pista se remonta a tiempos muy antiguos, y la historia del hockey sobre hielo nació en la Edad Media, la historia del hockey con patines en línea, en cambio, es mucho más reciente. En 1980, en Minnesota, los hermanos Scott y Brena Oison descubrieron en una tienda un

Gracias a Rollerblade el street hockey se ha convertido en deporte de demostración. Sin embargo, sigue siendo un juego que se practica en la calle (doc. ISC)

par de patines en línea. Rápidamente los compararon con los patines de hielo e imaginaron que con ellos los jugadores de hockey podrían realizar un trabajo interesante en el entrenamiento fuera de la temporada. Poco satisfechos del material encontrado, y demostrando una notable capacidad para los trabajos manuales, los dos jugadores de hockey utilizaron el taller del negocio familiar para rediseñar y montar unos nuevos patines que bautizaron con el nombre de *Rollerblade*. Este fue el inicio de la saga.

Aunque este tipo de patines fue adoptado rápidamente por un gran número de deportistas en sus entrenamientos, en particular esquiadores de alpino y de fondo, el fenómeno del patín en línea no adquirió la magnitud actual. Hubo que esperar una década para que se convirtiera en una disciplina propiamente dicha.

Hoy en día, en Estados Unidos existen dos ligas profesionales: la World Roller-Hockey Association y la Roller Hockey International, y una liga amateur, la National in line Hockey Association.

En 1993, estas dos ligas reunían doscientos cincuenta mil jugadores, prácticamente todos equipados con patines en línea. El 66 % de ellos tenían más de dieciocho años.

En los estados de California, Florida, Minnesota y en las ciudades de Chicago y San Luis este deporte ha alcanzado grandes cotas de popularidad.

Los primeros campeonatos profesionales de hockey en línea se celebraron en 1993. En el organizado por la World Roller-Hockey Association participaron ocho equipos y gozaba de los beneficios de las retransmisiones televisivas, en tanto que la final de la Roller-Hockey International (doce equipos) fue presenciada

El hockey en línea ha encontrado una cantera de jugadores que han hallado inmediatamente su lugar en el escaparate internacional (doc. ISC)

en directo por quince mil espectadores. Estas cifras demostraron que el entusiasmo por este deporte no era fingido. El éxito iría en aumento. En 1994, la cantidad de practicantes estimada superaba los quinientos mil. La espectacularidad del juego y la captación de jugadores de hockey sobre hielo de alto nivel tuvieron mucho que ver en el proceso de popularización de este deporte, que atrae a una media de diez mil espectadores y a varios millones de telespectadores.

El hockey en línea se convirtió en street hockey cuando empezó a ser practicado en cualquier tipo de terreno. De este modo, se utiliza una bola y no un disco dependiendo del tipo de superficie.

Dos años de demostración

En España, el street empieza a aparecer a principios de los años noventa. La marca Rollerblade, especialista en patines en línea —vendió 3,5 millones de pares de patines en línea en Estados Unidos a lo largo de 1994—, promociona esta disciplina por diversos países europeos, entre ellos España, organizando diversos campeonatos, al estilo del popular *street basket*, pese a las dificultades que implica encontrar lugares para la práctica de estos campeonatos y partidos improvisados.

Desde hace unos años, varias ciudades han sido la sede de esta manifestación que, además de la promoción de esta disciplina, permite disipar ciertas reticencias por parte de las instituciones municipales y fomenta la creación de clubes y de lugares para la práctica.

Son numerosos los equipos que con su regularidad y persistencia han conseguido que desde 1993-94 exista una liga regular en España. El street cuaja, hasta el punto que nuestro país presentó un equipo en las dos ediciones de los campeonatos del mundo de hockey en línea, la última de las cuales se celebró en 1996 en Roccaraso, Italia, y contó con la participación de diez selecciones nacionales: Gran Bretaña, España, Argentina, Ecuador, Francia, Australia, Austria, Italia, Brasil y los defensores del título, Estados Unidos.

Cómo se juega a street hockey

EL TERRENO
Se puede jugar en todo tipo de superficies, con la condición de que sean bien uniformes (sin grava, ni arena) y que no haya obstáculos en medio (postes, farolas, bancos, contenedores de basura, etc.).

Los jugadores utilizan un stick similar al del hockey sobre hielo

Si los límites exteriores están bien indicados (vallas u otro tipo de delimitación), no es obligatorio efectuar un marcaje especial en el suelo.

Las medidas del terreno no serán inferiores a las de un campo de balonmano (40 × 20 metros), ni superiores a las de una pista de hockey sobre hielo (60 × 30 metros).

LAS PORTERÍAS
Según la normativa, las porterías han de delimitar un espacio de 1,55 metros de altura, 1,05 metros de anchura y 0,95 metros de profundidad. Están colocadas en los extremos del terreno de juego y sobre una misma línea imaginaria.

El espacio permitido por detrás de las porterías es de 1 metro como mínimo y 2 metros como máximo.

Es aconsejable que no se coloque ningún espectador detrás de ellas, a menos que disponga de máscara protectora.

EQUIPAMIENTO DE LOS JUGADORES
— Los patines utilizados son exclusivamente patines en línea;
— los sticks también son específicos para street hockey. El stick del guardameta es más ancho y más plano, para poder detener más fácilmente los lanzamientos contra su puerta;
— el disco;
— la bola (de marca Rollerblade para street);
— las protecciones para todos los jugadores (cada jugador debe llevar como mínimo: un casco, a ser posible con máscara de protección facial; guantes; muñequeras; coderas; rodilleras o espinilleras, y también es muy aconsejable el uso de coquilla para los varones y el peto para todos).

Las protecciones del guardameta son el peto (aproximadamente 30.000 pesetas), el guante de la mano del stick y el

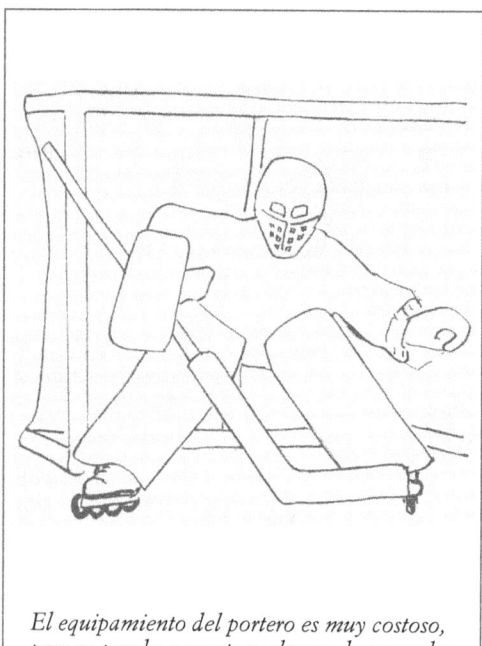

El equipamiento del portero es muy costoso, pero se puede encontrar alguno de segunda mano procedente de un equipo de hockey sobre hielo

El árbitro

La designación de un árbitro tiene como objetivo velar por el cumplimiento de las reglas del juego. El árbitro no podrá pertenecer a ninguno de los dos equipos participantes.

Es el juez absoluto en el terreno de juego y sus decisiones no pueden ser rebatidas. Con el silbato señala el principio y el final de cada periodo, por indicación de la mesa de cronometradores. Soluciona todo litigio, ateniéndose al reglamento; escucha todas las reclamaciones, y toma las decisiones que sean necesarias.

En los casos no previstos por el reglamento, el árbitro actúa según su conciencia.

El árbitro ejerce sus funciones sobre patines en línea, equipado con un casco.

El reglamento

A continuación, sintetizaremos las principales normas del hockey en línea. Son prácticamente iguales a las de street hockey, exceptuando algunos puntos indicados entre paréntesis.

Saque inicial

— Al inicio de cada periodo, y después de cada gol, el juego empieza o se reanuda con un *booling* (saque entre dos) en el centro del terreno de juego.
— Los jugadores de ambos equipos tienen que encontrarse en su propio campo, sin cruzar la línea de medio campo.

El gol

Un gol es válido cuando la bola atraviesa completamente la línea marcada entre los dos postes de la portería. Un gol no puede ser marcado con la mano o con el pie, excepto si la bola toca involuntariamente el patín.

Principales infracciones penalizables

— En caso de falta no intencionada, la bola pasará al equipo contrario.

guante rígido de parar (50.000 pesetas el par), las protecciones (unas 75.000 pesetas) y un casco con visera (entre 15.000 y 55.000 pesetas), obligatorio para el guardameta.

Los jugadores

El equipo (hockey en línea)

Cada equipo está formado por un número mínimo de seis jugadores, incluyendo dos porteros, y número máximo de catorce jugadores, incluyendo dos porteros.

El equipo de street-hockey

El equipo básico lo constituyen los siguientes jugadores:

— un guardameta;
— cuatro jugadores de campo;
— cinco suplentes (como máximo).

— En caso de falta intencionada, el equipo que haya sido objeto de falta dispondrá de un lanzamiento franco.
— En caso de falta grave (pelea), el árbitro expulsará al jugador o jugadores involucrados y se concederá un lanzamiento franco al equipo contrario.

En hockey con patines en línea existen cuatro tipos de infracciones castigadas con la exclusión temporal. El jugador sancionado no podrá ser sustituido en el terreno de juego mientras dure el tiempo de sanción.

Las normas básicas
— Los partidos se juegan con un disco, en tanto que en street se utiliza una bola (Rollerblade).
— Está prohibido todo contacto físico entre jugadores.
— El número de jugadores permitido en el terreno de juego es de cinco: cuatro jugadores de campo y un guardameta. En determinadas circunstancias, un equipo puede jugar sin portero.

1. *Fuera de juego:* No existe.
2. *Saque de banda:* Cuando una bola sale del campo, el equipo encargado de reanudar el juego será el que no la haya tocado en último lugar, y lo hará en el mismo punto por donde la bola había salido del terreno de juego.
3. *Desplazamiento de la portería:* En el caso de que la portería haya sido desplazada por cualquier motivo, de forma no intencionada, se procede a un *booling* en el centro del terreno de juego.
   En el caso de que la portería hubiera sido desplazada intencionalmente, la infracción será considerada penalti.
4. *Penalti:* Es un lanzamiento que se efectúa en movimiento, directamente a portería, desde el punto central. Las faltas graves cometidas por un jugador, serán castigadas con un penalti a favor del equipo contrario.

A excepción del guardameta y del jugador que ejecuta el penalti, el resto de jugadores de ambos equipos deberán permanecer detrás de la línea de medio campo.

La posición del tirador es libre, es decir, el jugador puede lanzar directamente desde el punto de penalti, o bien patinar con la bola, para disparar desde una posición más cercana o para regatear al portero, sin posibilidad de retroceder ni de repetir el disparo, una vez realizado el primer intento.

Si la bola penetra en el marco, el gol sube al marcador y se reanuda el juego desde el centro del campo. Si el portero detiene el tiro o si el jugador dispara fuera de la portería, se reanuda el juego con un *booling* en el centro del campo.

Las sustituciones
Las sustituciones de jugadores son ilimitadas, según el número de jugadores del equipo. Los cambios se pueden efectuar en cualquier momento. Todas las entradas y salidas de jugadores sustituidos se llevan a cabo por el mismo lugar, que el árbitro habrá determinado antes de dar comienzo el encuentro.

Desempate
En caso de llegar al final del tiempo reglamentario con empate en el marcador, se procederá a un lanzamiento de penaltis, siguiendo la modalidad de la «muerte súbita». El primer equipo que toma ventaja durante la serie de penaltis será declarado vencedor. Un jugador no puede lanzar dos penaltis, a no ser que todos los demás jugadores de su equipo ya hayan efectuado el tiro correspondiente.

El patinaje acrobático

Nacido de la práctica del patinaje urbano, el patinaje acrobático es una disciplina entendida como una modalidad libre, dispersada y no codificada, por lo que se refiere a nuestro país.

Aquí, a diferencia de otros países con mayor tradición como Francia y EE.UU., no existe ninguna estructura oficial para la acrobacia, aunque son diversos los puntos de encuentro en lugares públicos, donde los practicantes entrenan y se reúnen.

En Francia, para estructurarse, los clubes se constituyeron en asociaciones deportivas declaradas en el Ministerio de Juventud y Deportes, y empezaron los contactos para afiliarse a una federación.

El presidente del comité de patinaje de velocidad se ofreció para integrarla en su comité. Cuatro años más tarde, la comisión nacional de patinaje acrobático, que contaba aproximadamente con seiscientas licencias y cuarenta clubes, celebró las primeras competiciones oficiales. Las dos primeras copas de Francia tuvieron lugar en Reims y en Laon, y más tarde en Châtellerault. El primer campeonato de Francia se disputó en la Défense, con la ayuda del consejo general de Hauts-en-Seine, y contó con una amplia cobertura por parte de los medios de comunicación. El segundo campeonato nacional, celebrado en el Trocadero de París, obtuvo el mismo éxito televisivo.

Actualmente, las únicas disciplinas que figuran en el programa de competiciones son los saltos y el *slalom*. El *halfpipe* (rampas) y el street todavía no han sido integrados (aunque se está estudiando la posibilidad), hecho que provoca alguna distorsión en la evolución de la acrobacia. Efectivamente, el gran impacto popular de estas disciplinas no ha pasado desapercibido a los fabricantes de patines.

Este deporte, nacido en la calle, se ha popularizado enormemente gracias a su espectacularidad (foto Rollerblade)

Algunos de ellos promueven la utilización de los patines en línea y patrocinan equipos.

A partir de 1997 ya es posible obtener el título de entrenador federal (BEF) en acrobacia y, posiblemente, dentro de poco podrá expedirse una titulación de rango estatal. Esperemos que pronto esta experiencia reciente se traslade a España, donde tantísimos aficionados hay.

Las pruebas

El patinaje acrobático incluye seis disciplinas: el eslalon, el eslalon por equipos, el salto, el salto por equipos, el street y el halfpipe.

La continua formación de clubes ha permitido que se celebren competiciones por todo el país (foto Debacker)

En Francia, en la actualidad, también se está elaborando el reglamento de estas dos últimas disciplinas.

EL ESLALON

Se proponen dos trazados: uno de 70 metros de longitud y 6 metros de anchura, con 25 conos dispuestos con una separación de 1,5 metros, y un trazado corto con 20 conos dispuestos con una separación de 75 centímetros.

Velocidad

Con un tramo previo de aceleración de unos treinta metros, el patinador debe recorrer la pista lo más rápidamente posible, naturalmente sin derribar ningún cono. La prueba se cronometra.

Slalom técnico

Consiste en encadenar cuatro figuras obligatorias determinadas al principio de la prueba, a realizar en un trazado (una

El eslalon exige equilibrio y destreza, y se puede practicar desde muy joven (doc. ISC)

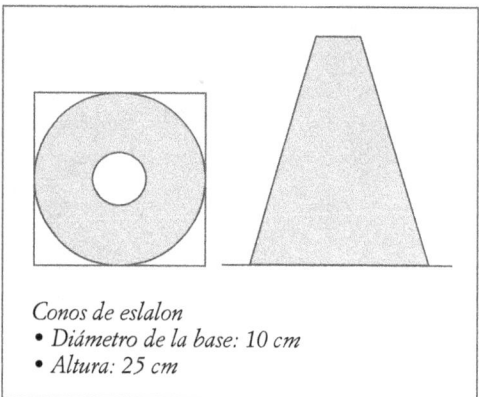

Conos de eslalon
- *Diámetro de la base: 10 cm*
- *Altura: 25 cm*

manga por el trazado largo y otra por el trazado corto).

Eslalon libre
Consiste en encadenar varias figuras elegidas en una lista de figuras obligatorias. Todas las variantes son posibles (una manga por el trazado largo y otra por el trazado corto).

En las pruebas de eslalon, las muñequeras son obligatorias.

EL ESLALON POR EQUIPOS

Los equipos, formados por un número de dos a cuatro patinadores del mismo club, efectúan dos mangas libres por los trazados elegidos.

Algunas de las figuras de eslalon
Existe un repertorio de catorce figuras. A continuación se describirán algunas de ellas.[2] Además, se pueden efectuar dieciocho variantes, determinadas sobre todo por el apoyo sobre las caras interiores o exteriores de las ruedas.

El *águila*: el trazado debe realizarse con un pie mirando hacia delante y el otro hacia atrás; así, el pie delantero irá en el sentido de la marcha y el otro pie hacia atrás.

2. Utilizamos aquí la lista que figuraba en el primer número de la revista *Roller Mag*.

— El *águila cruzada*: águila cruzando alternativamente los pies entre cada cono.
— El *buzón*: completar el eslalon poniendo un pie detrás y el otro delante.
— La *cafetera*: el patinador se agacha sobre el pie de apoyo, y extiende la otra pierna hacia delante.
— El *cruzado hacia atrás*: patinando hacia atrás, se cruzan los pies alternativamente a cada cono. La cabeza está girada del lado del pie más alejado.
— El *cruzado hacia delante*: los pies se cruzan alternativamente antes de cada cono.
— *El doble cruzado hacia delante*: los pies se cruzan antes de cada cono, alternando el pie conductor.
— El *faquir*: se dobla una pierna y se apoya el pie en el muslo de la otra pierna, sujetándolo con la mano, sin interrumpir la marcha.

Una de las figuras de eslalon: la «cafetera»

— El *paralelo*: igual que en esquí, consiste en mantener los pies paralelos.
— Un *pie hacia atrás*: patinando hacia atrás con un solo pie, y la cabeza girada hacia el lado del pie levantado.
— Un *pie hacia delante*: patinando hacia delante con un solo pie, a elegir.
— El *sol (o peonza)*: figura repetitiva que se desarrolla en cuatro conos. Al finalizar, se realiza un giro completo: cruzado hacia delante, águila cruzada por un lado, cruzado hacia atrás, águila cruzada hacia el otro lado.
— La *tetera*: el patinador se agacha sobre el pie de apoyo. La pierna libre está colocada alrededor del pie de apoyo.
— La *y*: se patina hacia delante con un pie, mientras la otra pierna se extiende verticalmente y se aguanta con la mano.

Tomemos nota de la expresión «coger una figura», que significa agarrarse el pie y sujetarlo mientras se sigue patinando.

EL SALTO
En competición, el saltador ejecuta tres pruebas valoradas mediante un coeficiente.

La altura
Consiste en saltar lo más alto posible, superando un listón de madera colocado entre dos soportes. La altura de salida varía en función de la categoría y del sexo. Sin trampolín, la altura para los saltos oscila entre 1,10 y 1,46 metros.

El salto técnico
Consiste en efectuar un determinado número de figuras (impuestas previamente), distintas según las categorías de edad.

El salto libre
Consiste en efectuar una o varias figuras, a escoger entre las figuras obligatorias. Están permitidas todas las variantes.

En esta disciplina están formalmente prohibidos todos los saltos catalogados como «mortales» (voltereta en el aire).
En las pruebas de salto con trampolín es obligatorio llevar rodilleras, coderas y muñequeras.
Además, es obligatorio el uso de casco en los saltos que incluyan rotaciones (180 grados incluido).

EL SALTO POR EQUIPOS
Los equipos, formados por un número de patinadores que va de dos a cuatro, realizan dos series libres, en uno o dos trampolines.

Algunas figuras obligatorias
— El *360*: el patinador realiza un giro sobre su propio eje, retomando la posición inicial al caer.

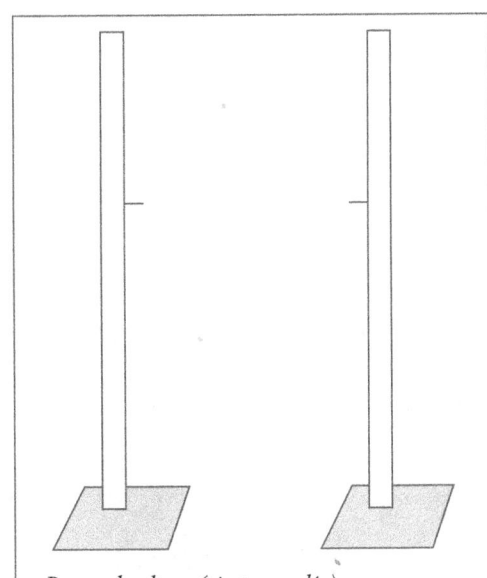

Barras de altura (sin trampolín)
• Altura: 160 cm
• Graduaciones: de 40 cm a 160 cm, de centímetro en centímetro
• El listón ha de ser rígido, de madera o aluminio; deberá tener una longitud comprendida entre 2 m y 2,5 m y una sección de 15 mm

— El *karateka*: el patinador extiende una pierna hacia uno de los lados.
— El *faquir*: el patinador coloca una pierna cruzada por delante, y mantiene la otra doblada en la espalda.

También podemos citar otras figuras el *zulú*, la *mochila simple*, la *mochila*, el *desencadenado*, el *lucky*, el *strange*, el *daffy*, el *medio giro*, el *giro completo*, la *mariposa*, la *carpa*, el *N.W.*, el *Jimmy Scott*, el *fraggle*.

Actualmente se salta en trampolines de 55 centímetros de altura, 2,10 metros de longitud y 1,20 metros de anchura. Los saltadores realizan figuras simples, dobles o combinadas (a elegir entre una lista de diecisiete) y han de efectuar una caída perfecta, sin tocar el suelo con la mano ni con la rodilla.

El jurado se encarga de puntuar el nivel de dificultad.

LAS OTRAS DISCIPLINAS

El street
Esta modalidad, nacida en la calle, utiliza todo lo que encuentra a su paso: bordillos, escaleras, rampas, bancos, etc. Cualquier cosa se convierte en un pretexto para múltiples figuras, algunas de ellas con nombres curiosos o evocadores,

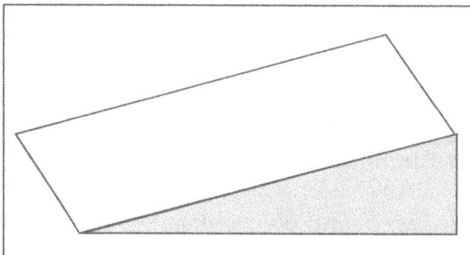

Trampolín de saltos
- *Longitud en la base: 2,10 m*
- *Anchura: 1,20 m*
- *Altura: 55 cm*

Los saltos permiten llevar a cabo figuras impresionantes (foto Debacker)

como el *tac-tac* (bajar rápido por una escalera con las puntas de los pies separadas), el *grind* (deslizamiento lateral por una arista), los *slides* (deslizamiento por un tubo o una barandilla de escalera), etc.

El halfpipe
Es el exponente máximo en el contexto acrobático. En esta superficie en forma de U muy abierta, los patinadores realizan figuras (360, 540, faquir, rocket), utilizando en muchas ocasiones el *coping* (tubo de metal situado en la parte superior de la rampa), y saltos de gran espectacularidad: saltos peligrosos, tirabuzones y mortales.

Los *streeters* utilizan un vocabulario lleno de anglicismos, muy americanizado. También cuentan con sus propios ídolos, *amateurs* y profesionales, que se han convertido en la élite de la acrobacia. Suelen destacar por su juventud, su locura por el roller y el gusto por el riesgo para lograr ser el mejor.

El patinaje artístico

Es a la vez deporte y espectáculo, y se practica en modalidad individual (masculino o femenino) y en pareja (artístico o danza). Existen tres tipos de pruebas

Street... en la calle. Es el mejor lugar para entrenarse, utilizando el mobiliario urbano. En esta foto se puede ver cómo el patinador realiza un slide (foto Rollerblade)

Los encuentros *(contest) empiezan a celebrarse y atraen a las figuras de este deporte y a un numeroso público. En la foto, el japonés Itoh Hidekaza realizando un Soyal sobre una barandilla en el transcurso del Vittel Rollerblade (foto FEP)*

Randy Spizer, un joven americano de catorce años, completa una figura en el quarter (foto FEP)

Grind sobre barandilla (foto FEP)

Shifty (foto FEP)

El francés Issam Tolba en un salto de altura (foto FEP)

El danés Rene Hulgreen acaba un mac twist (foto FEP)

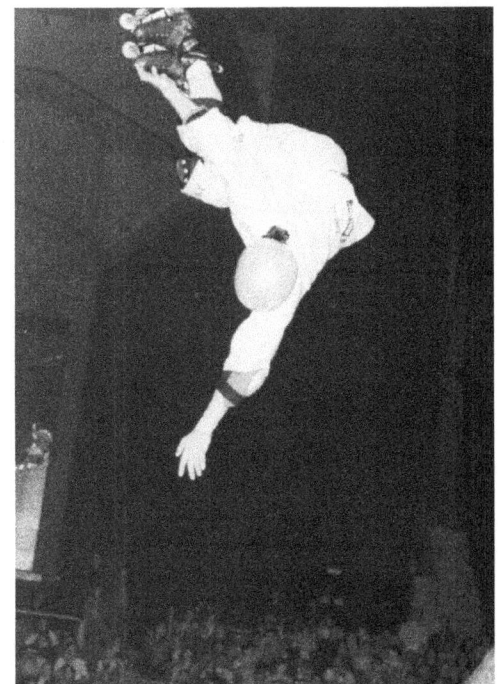

El francés Taig Khris realizando un mac twist (foto FEP)

En la parte alta de la rampa, el francés Toto Ghali ejecuta un stretch leg (foto FEP)

que llevan a cabo los patinadores en las modalidades individual y por parejas, como son el programa corto, el programa libre y las figuras obligatorias individuales donde los patinadores siguen el trazado del círculo marcado en el suelo de la pista. Su diámetro puede tener tres medidas: 4, 5 y 6 metros. Generalmente, sólo se utilizan los de 6 metros. Los patinadores giran sin parar, hacia el interior o hacia el exterior, y ejecutan unas figuras determinadas por sorteo, con cuatro posibilidades: exterior hacia atrás (HR), interior hacia atrás (DR), exterior hacia delante (HV) e interior hacia delante (DV).

En el programa corto (con las dificultades elegidas previamente al campeonato para todos los patinadores) y el libre, las principales dificultades se dividen en dos categorías: los saltos (simples, dobles o triples) y las piruetas (en posición sentada, extendida o invertida).

Deporte y espectáculo a la vez (foto Appa/FFRS)

Detrás de las lentejuelas se esconde una técnica muy depurada (foto Appa/FFRS)

Las personas conocedoras del patinaje artístico sobre hielo encontrarán todas las figuras técnicas (menos una, la pirueta invertida) de esta disciplina: *axel*, *salchow*, *lutz*, *flip*, *walley*, etc. En simple, doble y triple.

Todo por la música

Las parejas de patinaje artístico son espectaculares, y pueden realizar figuras impresionantes en las inclinaciones, los saltos y las piruetas combinadas.

Las parejas de danza tienen que realizar tres ejercicios diferentes: baile obligatorio, baile de creación y baile libre. En baile obligatorio, se sortean tres tipos de música (por ejemplo: polka, tango y paso doble) y las parejas tienen que ejecutar las figuras correspondientes a estos ritmos musicales.

Desde siempre el patinaje artístico ha seducido al público (col. Nieswizski)

Los concursos de patinaje artístico por parejas son muy espectaculares (foto FEP)

La música, cuyo ritmo se elige por sorteo, impone las figuras a realizar (foto FEP)

Los vestidos mantienen un corte clásico (foto FEP)

En el baile de creación, la música y la estructura del baile son obligatorias, pero los movimientos son libres (deben corresponderse con la música). En el baile libre los participantes eligen el contenido musical y el programa de técnica.

Para valorar las actuaciones, los jueces disponen de una escala de puntos que va de 0,0 a 10,0 para emitir una nota «A» (valoración técnica) y una nota «B» (valoración artística).

En las páginas siguientes se facilitan unos cuadros con las diferentes pruebas en concurso.

Vestidos y material

La vestimenta en figuras obligatorias es muy clásica: falda corta para las chicas y pantalón y casaca para los hombres. Nada de ropa provocadora: ni faldas abiertas, ni escotes o espaldas abiertas (y en caso de haberlos, son «falsos», con *lycra* de color carne). Las medias son de color carne. Por último, los colores de los vestidos deben ser los colores del club, que la federación tiene registrados. Así, por ejemplo, los patinadores del Llista Blava de Lérida deberán ir vestidos de color azul, blanco y lila.

Se utilizan patines de patinaje artístico, especialmente adaptados para realizar piruetas (sobre las dos ruedas traseras o sobre las dos ruedas internas, por ejemplo) y saltos. Además, los ejes de las ruedas están articulados para que los patines sean todavía más manejables. Pese a las numerosas pruebas, no está prevista la utilización de patines en línea.

El área de evolución

Según el reglamento oficial de patinaje artístico, las medidas europeas de la pista son 40 × 20 metros para las competiciones de las categorías cadete y junior. Para la categoría senior, las medidas europeas y mundiales pasan a 50 × 25 metros. Sin embargo, en las pistas de 45 × 25 metros se pueden realizar buenos entrenamientos. El perímetro de la pista debe estar limitado materialmente (con barreras, cuerda o plantas) para evitar que el público la invada. En caso de que esta separación, que tendrá una altura que va de los 80 centímetros a 1 metro, se encuentre en el límite de la pista, los patinadores no utilizarán la totalidad de la superficie.

La superfice debe ser plana y dura. Los materiales utilizados pueden ser: madera (parqué encolado sobre suelo duro, que puede ser hormigón u otro), granito (expandido en el lugar o en baldosas), hormigón (una capa con cuarzo, o un revestimiento de asfalto tratado con resina y pulido).

El marcaje

El marcaje de suelo consiste en una serie de círculos y de giros de diámetros diferentes y con una separación de un metro, necesarios para la ejecución de las figuras obligatorias.

Todos los grupos de círculos incluyen círculos de 6 metros, 5 metros y 4 metros de diámetro. En cada mitad de la pista tiene que haber un grupo de círculos, para permitir el funcionamiento de dos jurados o un entrenamiento mientras se celebra la competición. El diámetro del giro es de 2,40 metros.

Las líneas son generalmente de color negro y tienen una anchura máxima de 1,5 centímetros. Han de ser de un color distinto al del suelo (y al del marcaje del campo de hockey, en caso de haberlo), de modo que el patinador pueda verlas perfectamente mientras ejecuta las figuras. El trazado de los círculos no tiene que emitir reflejos.

CLASIFICACIÓN DE LAS DISTINTAS FIGURAS DE PATINAJE ARTÍSTICO

LAS ROTACIONES
(Diferenciadas según se ejecuten en el suelo o en el aire)

Rotaciones aéreas (clasificadas según el número de apoyos en el arranque)

- SALTO LATERAL → SALTO PICADO
  - Clasificados según lado de ENTRADA → Clasificados según lado de ENTRADA
  - Sentido de rotación + trayectoria curva según pierna de llamada → Sentido de rotación + trayectoria (pierna)
  - Pierna de recepción lado de salida → Lado de salida

FIGURA SIMPLE: 1 GIRO
FIGURA DOBLE: 2 GIROS
FIGURA TRIPLE: 3 GIROS

Rotaciones en el suelo (clasificadas según el número de apoyos realizados en el suelo)

- 1 apoyo + 1 FRENO → PIVOTE
- 2 apoyos → PEONZA
- 1 apoyo → PIRUETAS clasificadas según eje
  - clasificadas según lado
    - Vertical
      - DE PIE
      - SENTADO
    - Horizontal
      - ARABESCO + VARIANTE
- 1 apoyo → INVERSIONES
  - Con cambio de apoyo
    - Sin cambio de lado y curvas → MOHAWK
    - Con cambio de lado y curvas → CHOCTAW
  - Sin cambio de apoyo
    - Cambio de lado y misma curva → TRES BRACKET
    - Sin cambio de lado con cambio de curva → ROCKER CONTRA ROCKING
- 1 apoyo → REVOLUCIÓN Giro (*bucle*)
- Diferenciación de las presiones sobre el cuadrado (PRESIÓN)

ROTACIONES AÉREAS
SALTOS PICADOS

ENTRADA	DIRECCIÓN	HACIA ATRÁS	
	LADO	EXTERIOR	INTERIOR
SALIDA	DIRECCIÓN	HACIA ATRÁS	
	LADO	EXTERIOR	EXTERIOR

| DENOMINACIÓN Y NÚMERO DE GIROS | misma curva
BUCLE PICADO
Toe-Loop
Mape
– SIMPLE
– DOBLE
– TRIPLE | con cambio*
de curva
LUTZ
– SIMPLE
– DOBLE
– TRIPLE | misma curva
FLIP
– SIMPLE
– DOBLE
– TRIPLE | con cambio *
de curva
WALLEY PICADO
– SIMPLE
– DOBLE
– TRIPLE |

* El cambio de curva se efectúa durante la rotación aérea.
N. B.: todas estas dificultades pueden ser ejecutadas con caída interior hacia atrás, pero no tienen progresión en salto doble. Sin embargo, pueden ser objeto de aprendizaje en salto simple, en el transcurso de una sesión, a título experimental.

ROTACIONES EN EL SUELO
2 APOYOS (PEONZA)
1 APOYO (PIRUETA)

Eje del tronco	*Vertical*		*Horizontal*	
Sentido de la rotación	Rotación daelante	Rotación atrás	Rotación adelante (Arabesco)	Rotación atrás
Lado	Interior/exterior	Interior/exterior	Interior/exterior	Interior/exterior
Variantes	De pie o sentado	De pie o sentado	— Con cambio de tronco (lay over-inversión) — Con modificación del apoyo lateral forzado (ruedas laterales) o apoyo posterior	

COMBINACIONES POSIBLES

Una combinación es la ejecución de al menos dos saltos inmediatamente consecutivos, constituyendo la caída del primer salto el impulso del segundo (con el mismo pie, mismo lado, misma dirección).

1.er salto / 2.º salto	Axel Salto de tres HR	Bucle HR	Salchow HR	Bucle Picado HR	Flip HR	Lutz HR	1/2 bucle DR
Axel/salto de tres HV	/////	/////	/////	/////	/////	/////	/////
Bucle HR	x	x	x	x	x	x	/////
Salchow	/////	/////	/////	/////	/////	/////	x
Bucle Picado	x	x	x	x	x	x	/////
Flip DR	/////	/////	/////	/////	/////	/////	x
Lutz	/////	/////	/////	/////	/////	/////	/////
1/2 bucle HR	0	0	0	0	0	0	/////

x : combinación posible.
///// : combinación imposible.
0 : se puede hacer pero no se practica, aunque sí puede ser empleada como ejercicio educativo para trabajar la creación de impulso de un tercer salto consecutivo.

COMBINACIÓN DE TRES SALTOS

A. La caída de los tres saltos se produce por el mismo lado

En este apartado sólo se considerarán los saltos con lado de caída exterior trasero y que tienen una progresión en doble, triple.

Primera situación	tres saltos idénticos	
Segunda situación	un salto + dos saltos idénticos	
Tercera situación	dos saltos idénticos + un salto	
Cuarta situación	primer y tercer salto idénticos	segundo salto diferente

B. Con cambio de lado de salida en el segundo salto

(Uso del semibucle, o bucle hacia el interior)

Primera situación	tres saltos diferentes
Segunda situación	primer y tercer saltos idénticos

Observaciones
Para las combinaciones de más de tres saltos, basta con combinar otra vez las posibilidades presentadas con las combinaciones de dos y tres saltos. Por norma general, hay que tener en cuenta:
— la técnica propia de cada salto;
— la calidad de los saltos (velocidad, amplitud, precisión en el apoyo de entrada y de salida);
— la dificultad de la combinación en relación con la edad y el nivel;
— del ritmo.

CUADRO RECAPITULATIVO

A. La caída de los tres saltos se produce por el mismo lado

Situación	1.er salto	2.º salto	3.er salto	Posible con
1.ª	A	A	A	A = bucle o bucle picado
2.ª	A	B	B	B = todos los saltos, salida en HR (excepto bucle, bucle picado)
3.ª	A	A	B	A diferente de B A = bucle o bucle picado B = bucle o bucle picado
4.ª	A	B	A	A diferente de B A = bucle o bucle picado B = bucle o bucle picado
5.ª	A	B	C	A = todos los saltos, salida en HR B diferente de C B = bucle o bucle picado C = bucle o bucle picado

B. Con cambio de lado de salida en el segundo salto

Situación	1.er salto	2.º salto	3.er salto	Posible con
1.ª	A	B	C	A = todos los saltos, salida en HR (excepto salchow) B = 1/2 bucle o bucle hacia el interior C = salchow o flip
2.ª	A	B	A	A = salchow o flip B = 1/2 bucle o bucle hacia el interior

El patinaje de velocidad

La modalidad de velocidad es estratégica y dinámica, y se practica en pista o en ruta, con patines en línea. La aparición de los patines en línea transformó radicalmente este deporte. Las pruebas de velocidad pueden disputarse individualmente o por equipos. Los atletas se especializan en velocistas, mediofondistas o fondistas, según los gustos propios y las capacidades físicas de cada uno.

La variedad de distancias

Las distancias van desde los 300 metros hasta el maratón (42 kilómetros), pasando por los 500, 1.500, 10.000 y 20.000 metros.

Hoy en día, los corredores de élite alcanzan velocidades muy próximas a los 80 km/h en la pista. Exceptuando los 300 metros que se corren contra reloj, la mayor dificultad es la estrategia de carrera en los pelotones, especialmente en la entrada y en la salida de los virajes. Los conceptos fundamentales son mantenerse detrás (ir al rebufo, equivalente a «ir a rueda», en el argot ciclista), pero sin dejarse cerrar, para poder atacar en el momento deseado. En los 500 metros, los 1.500 y los 10.000 relevos, el corredor que pasa la línea de meta primero es el vencedor. En las carreras por eliminatorias, inspiradas directamente en las pruebas de ciclismo en pista, las eliminaciones se producen en la cola de la carrera en determinados puntos kilométricos, de modo que en el momento del *esprint* quedan sólo los mejores competidores.

En velocidad pura, los superclases alcanzan los 80 km/h en pista (doc. FFRS)

La posición clásica ofrece una gran aerodinámica (foto Debacker)

Una de las tácticas de carrera es mantenerse al rebufo de otro patinador (doc. FFRS)

Las carreras cuentan cada vez con más participantes (foto Debacker)

El esfuerzo realizado es muy importante: con las piernas se da impulso y se ayuda con los brazos (foto Debacker)

En los campeonatos de Europa celebrados en la pista de Saint-Brieuc, los franceses consiguieron todas las medallas (foto Kinguenoir/Ville de Saint-Brieuc)

En cambio, en las pruebas por puntos, cada participante va marcando puntos con el paso de los giros. El vencedor es el que suma un máximo de puntos al final de la prueba, y no forzosamente el primero que cruza la línea de meta.

Los tipos de pista

LAS PISTAS DE VELOCIDAD

Las pistas de velocidad pueden tener las curvas planas o peraltadas. Forman un anillo que consta de dos rectas de la misma longitud y dos curvas del mismo diámetro. La pista tiene una anchura de 6 metros, y su longitud es de 125 metros como mínimo y 200 metros como máximo en las pistas con curvas peraltadas, y de 400 metros como máximo en las pistas planas.

CARRERAS EN RUTA

Las competiciones pueden disputarse en la carretera, en un circuito cerrado o abierto. Según el reglamento oficial de la FEP, en el primer caso la longitud del recorrido no puede ser inferior a 250 metros, ni superior a 1.000 metros.

«Rennes sobre ruedas» es una competición que reúne a decenas de miles de aficionados y varios centenares de corredores con licencia. El trazado consiste en una vuelta de 1,2 kilómetros, que debe ser recorrida el mayor número de veces.

Equipamiento del corredor

Los corredores deben llevar obligatoriamente un casco de competición, rígido en su parte externa y acolchado en el interior. Su precio no es excesivamente alto (de 5.000 a 12.000 ptas.). Últimamente están apareciendo en el mercado cascos específicos, con gafas integradas, especiales para *esprinters*.

Llevarán también unos guantes (3.000 ptas.), un mono o una camiseta y pantalón corto o largo.

LOS PATINES
Los patines de velocidad son específicos para esta modalidad.

La platina tiene cinco ruedas, con lo cual se consigue un mejor reparto del peso del cuerpo y, de esta manera, se reduce la fricción. El mayor diámetro de las ruedas mejora el apoyo en el impulso lateral.

La base es de fibra de carbono, fibra de vidrio o aluminio, por razones de peso y de rigidez.

LAS RUEDAS
Las ruedas tienen un diámetro grande, que puede llegar a 80 milímetros, para poder alcanzar una mayor velocidad. Este tamaño de ruedas sólo es apto para corredores con técnica y fuerza suficientes. Hay quien prefiere ruedas de medidas inferiores, por ejemplo 76 milímetros o 77,5, porque confieren al patín una respuesta más nerviosa, más aceleración y más maniobrabilidad. Los corredores jóvenes utilizan ruedas de diámetro todavía menor (72 y 74 milímetros).

El diseño de las ruedas tiene como objetivo presentar la mínima resistencia. También hay distintas durezas, que se expresan en *shore* (sh), según el tipo de revestimiento. En ruta, las durezas más empleadas son de 83 sh a 86 sh. Además, y por una cuestión de reparto de peso, de desgaste y de estabilidad, muchos corredores montan ruedas de distinta dureza en la parte posterior, anterior y central.

Algunos fabricantes señalan que las ruedas de poliuretano con un alta capa-

Las competiciones pueden celebrarse en circuitos... (foto Kinguenoir/Ville de Saint-Brieuc)

...o en la carretera, cerrada o no al tráfico (foto Debacker)

Los patines de cinco ruedas ultraligeros, con monos y cascos, pero sin prácticamente ninguna protección. ¡Cuidado con las caídas! (foto Debacker)

cidad de amortiguación ofrecen un mejor rendimiento en suelos rugosos y son más confortables, mientras que las ruedas de poliuretano «medium» son más compactas, pero se gastan menos, y tienen una buena relación calidad-precio.

Los *rodamientos* de la calidad más alta son los ABEC 5. Con casquillos de aluminio o cobre se consigue un ligero ahorro de peso. También con vistas a reducir el peso, los cubos de las ruedas pueden ser «de palos». En tal caso, la elección de las «llantas» se efectúa en función del terreno: pequeñas para todo tipo de suelo, y generalmente de mayores dimensiones para los suelos lisos o las pistas de competición.

Botín y carcasa

El *botín* es bajo, para que el tobillo tenga la máxima movilidad y el impulso la máxima amplitud. Además, el diseño ergonómico de la parte posterior evita el roce en el tendón de Aquiles.

La *carcasa* externa también es baja. Puede ser de poliuretano, cuero, o cuero con fibra de carbono. Tiene posibilidad de regulación longitudinal y lateral, para adaptarse a las diferencias personales de impulso y estabilidad, y también para equilibrar el pie en caso de pronación o supinación.

Los patines se cierran con cordones, para mayor precisión y adaptabilidad. La parte superior de la carcasa puede tener un gancho o una banda de velcro.

Los *frenos* suelen ser eliminados cuando el corredor busca aligerar el patín. Desde el punto de vista de la seguridad, esta operación no es aconsejable, especialmente si tenemos la intención de utilizar los patines fuera de los circuitos cerrados. Los corredores de élite utilizan patines hechos a medida. Para ello se realiza un molde del pie, y un técnico especializado se encarga de construir una carcasa perfectamente adaptada.

¿Cuánto cuesta un equipo completo?

El equipo básico sale por unas 65.500 pesetas (de las cuales aproximadamente 50.000 corresponden a los patines). Por otro lado, hay que añadir los desplazamientos, estancias o los recambios (ruedas), que pueden llegar a suponer bastante dinero adicional por temporada.

¿Dónde se puede practicar el patinaje de velocidad?

En alguno de los clubes afiliados a la FEP especializados en esta disciplina. Lo mejor es tener la posibilidad de realizar entrenamientos en pistas, circuitos cerrados o carreteras cerradas al tráfico.

Tipos de competiciones

Las carreras contra reloj

Consisten en cubrir individualmente una distancia máxima de 300 metros en un mínimo de tiempo. El cronometraje se realiza con célula electrónica, de una precisión de hasta una milésima de segundo.

La salida

La salida en estos pruebas es libre. El orden de salida se determina por sorteo. En el momento de la salida los dos patines, o parte de ellos, han de estar en contacto con el suelo y no deben moverse.

El atleta debe tener uno de los patines entre las dos líneas. El movimiento del primer patín tiene que efectuarse hacia delante. Está permitida la oscilación del cuerpo del corredor.

La llegada

La llegada está determinada por el momento en que la punta del patín cruza la línea de meta, cuando la toma de tiempo es manual, o por el corte de la

Posición de salida. Obsérvese la colocación de los patines entre las líneas

célula cuando se dispone de cronometraje electrónico.

CARRERA POR ELIMINACIÓN
El principio que rige esta modalidad es muy simple. Antes de la carrera, el juez árbitro determina el número de corredores que quedan eliminados a cada vuelta, a contar desde las últimas posiciones. Según el reglamento de la carrera, las eliminaciones pueden empezar a partir de la segunda vuelta, y su número dependerá del número de participantes y del número de vueltas previsto, aunque como mínimo tres corredores deberán cruzar la meta.

LA CARRERA EN LÍNEA
Son competiciones sin límite de corredores y sobre una distancia establecida.

Si el número de participantes es excesivo, se llevarán a cabo series eliminatorias, en pruebas de hasta 20 kilómetros. La salida se sitúa detrás de una línea, y debe haber una separación de 50 centímetros entre los corredores. La siguiente línea se colocará a 50 centímetros de la primera, y así sucesivamente. La llegada se produce en el momento en que los atletas cruzan la línea con la punta del patín más adelantado.

El reglamento

Debido a la repercusión en el resultado final de determinadas normas referentes a las salidas nulas, a los adelantamientos con o sin eliminación, a las clasificaciones y a las obstaculizaciones en la llegada, en este apartado reproduciremos las principales normas, recordando que se presentan a título informativo, y que en ningún caso pueden tener la consideración de texto oficial.

ALGUNAS DE LAS NORMAS
DE LA CARRERA EN LÍNEA

Salida nula
Tiene lugar cuando la caída de un corredor provoca la caída de uno o más corredores dentro de los primeros treinta metros a partir de la salida. Esta distancia tiene que estar marcada de forma bien visible.

Se produce también cuando uno o más atletas se adelantan a la señal sonora. En tal caso, la salida se da como nula, y los infractores reciben una advertencia. A la tercera advertencia, el o los atletas infractores son descalificados.

Corredores doblados
— *Eliminación:* En pista o en ruta, con circuito cerrado, los corredores doblados o que están a punto de serlo y

que pueden comprometer el desarrollo de la competición son eliminados por orden del juez árbitro. Los atletas doblados o eliminados se clasifican siguiendo rigurosamente el orden en que han sido adelantados o doblados.
— *Colocación:* Un corredor doblado que permanezca en el circuito no podrá de ninguna manera colocarse delante de otro corredor para favorecerlo, ni ayudar a otros compañeros de equipo. Sin embargo, si podrá colocarse detrás, si el juez árbitro decidió no eliminarlo.

Clasificación
Si los corredores doblados no son excluidos de la prueba por parte del juez árbitro, la clasificación se efectuará tomando los tiempos de la llegada real.

LOS «ROLLERS DE NIEVE»

La moda «roller» está conquistando el mundo de la nieve con los snowblades *creados por Salomon. Para obtener nuevas sensaciones, la marca francesa ha diseñado unos esquís cortos de 90 centímetros dotados de* twin tips *(espátulas en ambos extremos de la tabla, igual que los* snowboards*) y con fijaciones. Su línea de cotas ofrece un uso en el que se conjuga libertad, velocidad y grandes posibilidades acrobáticas. Su comportamiento es nervioso y maniobrable, tanto hacia delante como hacia atrás o en saltos. En los* snow parks *que se preparan en muchas estaciones, los practicantes de roller acrobático encontrarán nuevas posibilidades de expresión.*

El snowblade, una nueva variante en el ámbito de los deportes de deslizamiento, debería seducir a los adeptos al patinaje (foto Salomon)

Ejemplo: si el corredor con el dorsal n.º 2 ha sido doblado por el n.º 24, el n.º 2 podrá situarse detrás del n.º 24 o a su lado, sin molestarlo ni obstaculizar a los otros participantes que quieran recuperar su vuelta perdida.

Llegada
El corredor que se encuentra en cabeza en la recta que precede a la línea de meta no debe desviarse de su trayectoria, ni utilizar los brazos o los pies, ni obstaculizar a los corredores que le siguen.

La preparación física

En la práctica del patinaje interviene el cuerpo en su totalidad. En el aspecto del esfuerzo físico, se puede comparar con el remo. Ciertamente, intervienen todos los músculos inferiores (muslos, piernas, nalgas), así como abdominales, pectorales y dorsales, sin olvidar los brazos, que equilibran el movimiento.

Para avanzar, se produce el impulso lateral de un patín hacia atrás, mientras que el otro avanza recto. Este gesto alternativo completo requiere una adaptación constante de todos los músculos para mantener el equilibrio dinámico. Independientemente del nivel de cada patinador, su cuerpo experimenta los efectos positivos de este deporte y de este tipo de trabajo armónico. A partir de ahora, no es necesario que las personas que deseen fortalecer abdominales, muslos y nalgas permanezcan encerradas en una sala de musculación, sino que pueden calzarse unos patines.

Musculación y estiramientos

Todas las modalidades de patinaje requieren una preparación física. En efecto, para dar lo mejor de sí mismo, el cuerpo necesita potencia muscular por un lado y, por el otro, una «capacidad gestual» importante (elasticidad). Esto significa que un patinador no deberá iniciar su actividad o participar en una carrera sin haber realizado un calentamiento que prepare el cuerpo mediante ejercicios físicos adecuados.

Por lo tanto, es aconsejable hacer trabajar los grupos musculares (hombros-brazos, nalgas-muslos, etc.) con ejercicios de musculación y de estiramiento (*stretching*) adecuados.

En este capítulo presentaremos una serie de ejercicios de musculación, que pueden realizarse en casa con un material mínimo. Para trabajar la elasticidad, el stretching es una técnica indispensable para mejorar el rendimiento y evitar las lesiones. Las posiciones de stretching son útiles para las articulaciones y los tendones, y se utilizan en la fase de calentamiento de los diferentes grupos musculares. Estos ejercicios nos harán progresar de una manera más personalizada, en función de nuestra morfología, necesidades, resultados y del calendario de competiciones.

La sesión de trabajo

El lugar

• Los ejercicios de musculación y estiramiento pueden realizarse en casa. Sólo se necesita un espacio aireado, suficientemente grande para moverse y efectuar los movimientos. Para los ejercicios de suelo es conveniente disponer de una moqueta o de una colchoneta de gimnasia.

- En el exterior también se puede realizar un buen número de ejercicios (calentamiento, stretching), antes de ponerse a patinar.

Los ejercicios

Naturalmente, el entrenamiento no es el mismo para cada disciplina (patinaje acrobático, artístico, velocidad, hockey sobre patines, hockey en línea o street hockey). De todos modos, es conveniente trabajar el cuerpo en su conjunto para que la musculatura se desarrolle de forma armoniosa y equilibrada.

Sería erróneo creer que basta con trabajar la parte baja del cuerpo, es decir las piernas. Al patinar, intervienen los brazos, la espalda, el cuello y, aunque el esfuerzo muscular que realizan es menor, también participan del conjunto del trabajo.

El material

En lo que se refiere al trabajo de musculación, si bien hay ejercicios que sólo pueden ser llevados a cabo en salas equipadas con máquinas específicas, nosotros nos limitaremos a describir ejercicios que pueden realizarse con material poco costoso, que todos podemos comprar en una tienda de deportes. Los ejercicios tienen que ser progresivos. Por lo tanto, empezaremos con poco peso, que iremos incrementando al aumentar la capacidad de trabajo.

A continuación proponemos una selección de ejercicios genéricos. Dicha selección, tanto en lo que se refiere a la musculación como al stretching, no pretende ser exhaustiva. El deportista tiene la posibilidad de introducir variantes o de completar la tabla con otros ejercicios más adecuados a su disciplina, o que el entrenador le haya aconsejado.

Los accesorios

MUSCULACIÓN

Los accesorios están concebidos para ampliar el trabajo muscular. Pueden ser del tipo simple, como las *barras* y las *mancuernas*, o más complejas, como las máquinas con poleas y contrapesos, que permiten trabajar en distintas posiciones.

Los accesorios simples (mancuernas, barras, extensores) se pueden encontrar en las tiendas de deporte.

Este material se puede completar con aparatos sencillos como la *bicicleta estática* o la *máquina de remo*, cuyo principio básico es siempre el mismo (es decir, pedalear y remar), y que pueden usarse para diferentes tipos de trabajo. Se trata de accesorios muy útiles para mejorar la resistencia, para calentar y para realizar un trabajo cardiovascular. Por otro lado, el *banco de musculación graduable* permite multiplicar los ejercicios: en posición estirada, sentada, en ángulo recto, sentados en posición inclinada, etc.

STRETCHING

Para el stretching no se necesita material específico; solamente el suelo, una pared y, en algunos casos, un compañero.

Calentamiento

Antes de empezar una sesión de musculación o de estiramiento se necesita calentar los grandes grupos musculares para obtener un estado de preparación física y psicológica general.

Objetivos del calentamiento

— Elevar la temperatura del cuerpo.
— Aumentar el riego sanguíneo y, por consiguiente, la oxigenación de los músculos.

- Preparar el cuerpo para el trabajo de musculación.
- Conseguir aumentar la frecuencia cardíaca.
- Mejorar la capacidad de rendimiento deportivo y, al mismo tiempo, prevenir las lesiones.
- Facilitar la movilidad articular y el estiramiento muscular.
- Adquirir la buena estatura (llamada *atlética*).
- Ajustar el equilibrio.

¿Qué tipo de calentamiento elegiremos?

Los movimientos deben realizarse a una velocidad moderada, teniendo en cuenta la continuidad y la variedad. Los ejercicios se realizan dentro de un régimen de trabajo aeróbico, es decir, en donde la energía es producida por la combustión de oxígeno. Se trata de movimientos de resistencia. Los movimientos básicos son el *skiping*, los saltos o la bicicleta y la carrera continua. Por término medio, la duración no debe exceder los veinte minutos, a no ser que se tenga prevista una sesión de entrenamiento especialmente larga y rigurosa. En tal caso, habrá que prolongar el calentamiento en todas las partes del cuerpo. Existen numerosos ejercicios de calentamiento, y cada persona adquiere sus propios hábitos en la materia. Normalmente es conveniente efectuar ejercicios del tipo bicicleta o remo, es decir, cardiovasculares, que estimulan el riego sanguíneo y la oxigenación.

A continuación proponemos una serie de ejercicios complementarios fáciles de realizar.

EJERCICIOS GENERALES

SALTOS

Piernas separadas, brazos abiertos manteniendo el equilibrio. Saltar de un pie al otro.
Repetición: de quince a veinte veces.

Piernas juntas
Con una cuerda, saltar con los pies juntos durante un minuto. (Si no disponéis de cuerda, imitad el movimiento sin olvidar realizar los gestos con los brazos.)

Piernas juntas, brazos a lo largo del cuerpo, saltar estirando la pierna y el brazo opuesto. Veinte veces.

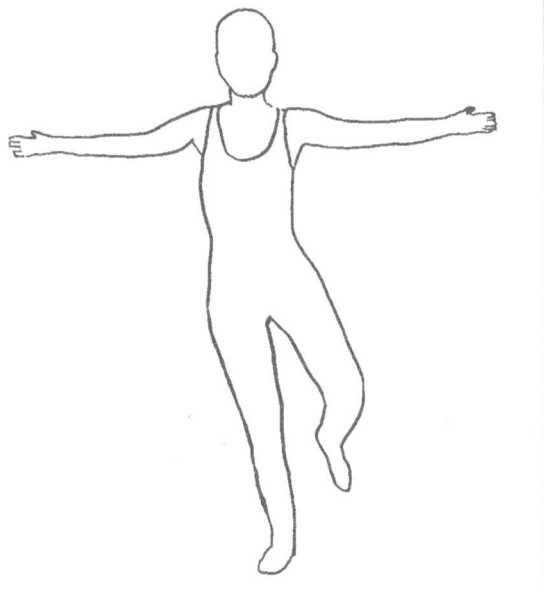

JOGGING

Correr sin moverse del sitio, levantando bien las rodillas y acentuando el movimiento de los brazos.

Efectuamos movimientos concéntricos con los tobillos, sin perder el contacto con el suelo: lado externo, punta, lado interno, talón.

Respiración
Libre.

Número de repeticiones
Diez.

Variantes
Dos posibilidades: en simetría o en armonía.

EJERCICIO N.º 2

Posición
De pie, piernas separadas, manos en las rodillas, tronco flexionado hacia delante.
Efectuamos movimientos de rotación con las rodillas, juntándolas hacia el interior.

Respiración
Espiramos cuando las rodillas pasan por el punto exterior, e inspiramos cuando las juntamos en el interior.

Número de repeticiones
Diez.

CALENTAMIENTO DE LAS DISTINTAS PARTES DEL CUERPO

MIEMBROS INFERIORES

EJERCICIO N.º 1

Posición
De pie, piernas separadas, pies paralelos, rodillas semiflexionadas y manos en la cadera.

CADERA, ESPALDA

Posición
De pie, piernas separadas, manos en la cadera, rodillas ligeramente flexionadas. Efectuamos movimientos de rotación con la cadera, sin mover ni los pies ni la cabeza.

Respiración
Libre.

Número de repeticiones
Quince.

Variante
Realizamos el mismo tipo de movimiento, pero flexionando más las rodillas y haciendo trabajar la espalda.

CUELLO

Posición
De pie, piernas separadas, manos en la cadera, rodillas ligeramente flexionadas, manos apoyadas en los riñones, hombros bajos.
Efectuamos rotaciones con el cuello, en ambos sentidos.

Respiración
Espiramos al llevar el cuello hacia delante; inspiramos al llevar el cuello hacia atrás.

Número de repeticiones
Cinco veces en cada sentido.

BRAZOS, DORSALES

EJERCICIO N.º 1

Posición
De pie, piernas separadas, rodillas flexionadas, codos flexionados, manos en los hombros.
Efectuamos movimientos concéntricos manteniendo los brazos doblados.

Respiración
Inspiramos cuando los codos se separan y espiramos cuando se juntan.

Número de repeticiones
Diez veces hacia delante y diez hacia atrás.

Variantes
Dos posibilidades: en simetría o en armonía.

EJERCICIO N.º 2

Posición
De pie, rodillas en semiflexión, codos flexionados orientados hacia adelante, puños cerrados a la altura de los hombros.
Movemos los brazos hacia atrás, con las manos abiertas y extendidas.
Volvemos a la posición inicial.

Respiración
Espiramos cuando los codos se encuentran doblados; inspiramos cuando los brazos están atrás.

Número de repeticiones
Quince.

EJERCICIO N.º 3

Posición
De pie, piernas separadas, rodillas flexionadas, brazos pegados al tronco.
Extendemos los brazos, levantándolos por encima de la cabeza.
Los dejamos caer, amortiguando el movimiento doblando un poco más las rodillas.

Respiración
Inspiración con los brazos alzados; espiración al bajar los brazos.

Número de repeticiones
Veinte.

EL TRABAJO DE MUSCULACIÓN

EXTREMIDADES SUPERIORES, PECTORALES Y DORSALES
(con mancuernas)

EJERCICIO N.º 1

Posición
De pie, piernas ligeramente separadas. Palmas de las manos orientadas hacia el tronco, con los brazos pegados al cuerpo.
    Doblamos los antebrazos en ángulo recto, manteniendo los codos a la altura de la cintura.
    Volvemos a la posición inicial.

Respiración
Espiramos al realizar la flexión del brazo.

Número de repeticiones
Ocho.

Variantes
Con flexiones de brazos alternativas.

EJERCICIO N.º 2

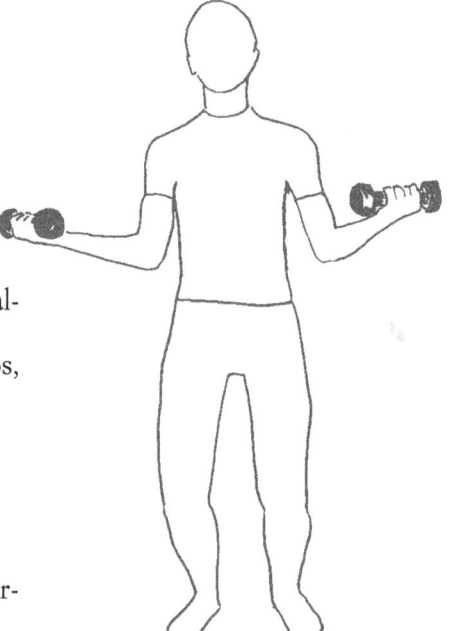

Posición
De pie, piernas flexionadas y separadas, la espalda bien recta.
    A partir de la posición con los brazos doblados, los abrimos y los cerramos.

Número de repeticiones
Dos series de quince repeticiones.

Respiración
Inspiramos al abrir los brazos, espiramos al cerrarlos.

EJERCICIO N.º 3

Posición
De pie, piernas ligeramente separadas, brazos pegados al tronco.
Alzamos los brazos hasta la altura de los hombros, con las palmas mirando al suelo.
Bajamos los brazos lentamente.

Respiración
Inspiramos al subir los brazos, espiramos al bajarlos.

Consejos
Procuramos mantener bien erguido el tronco. Levantamos los brazos muy lentamente para hacerlos trabajar.

Variantes
Levantamos los brazos alternativamente.
En posición sentada, espalda bien apoyada, rodillas pegadas.

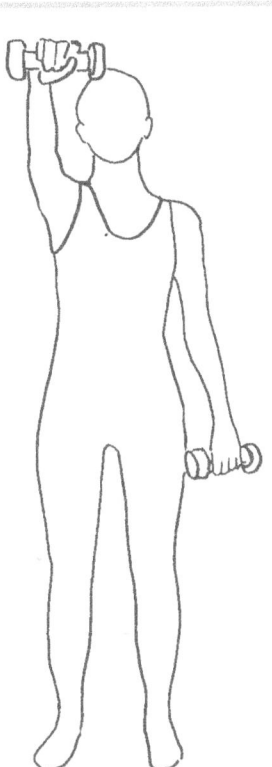

EJERCICIO N.º 4

Posición
De pie, piernas ligeramente separadas y con un buen apoyo.
Extendemos los brazos hacia delante, ligeramente por encima del hombro, y los volvemos a bajar.

Respiración
Inspiramos cuando los brazos están hacia delante; espiramos cuando los bajamos.

Variantes
Subimos los brazos alternativamente.
El mismo ejercicio, pero en posición sentada.

EJERCICIO N.º 5

Posición
Estirados, con la espalda en el suelo.
Brazos extendidos, con las palmas orientadas hacia el interior. Los abrimos, ligeramente flexionados, hasta los hombros.
Volvemos a la posición inicial.

Respiración
Inspiramos al abrir.

EJERCICIO N.º 6 (sin accesorios)

Posición
Tumbados boca abajo, con los brazos extendidos y apoyándonos en las puntas de los pies. Realizamos flexiones de brazos, con el tronco y las piernas formando una línea recta.

Bajamos sin que el abdomen llegue a tocar el suelo.

Respiración
Inspiramos al bajar; espiramos al subir.

Número de repeticiones
Veinte como mínimo.

ABDOMINALES, NALGAS, PIERNAS
(con o sin accesorios)

EJERCICIO N.º 1

Posición
De pie, piernas separadas, brazos junto al tronco y ligeramente separados, palmas hacia el cuerpo.
Flexionamos las rodillas, manteniendo el tronco y la cabeza rectos.
Bajamos hasta sentarnos en los talones.
Subimos.
Los brazos se mantienen en la posición inicial.

Número de repeticiones
Diez.

Respiración
Inspiramos al bajar, espiramos al subir.

Variante
Con una barra apoyada en los hombros, por detrás de la cabeza.

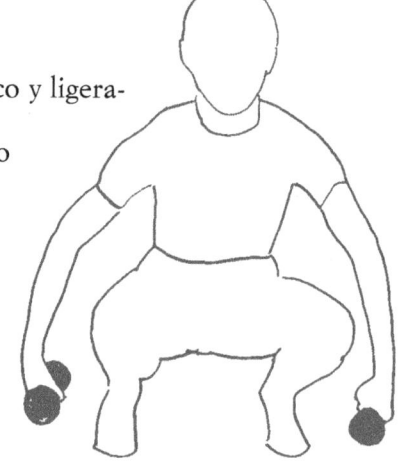

Consejo
Es preciso poner mucho cuidado en no inclinar el cuerpo hacia delante, para no sufrir lesiones en la zona lumbar.

EJERCICIO N.º 2

Posición
De pie, piernas separadas, pies paralelos, talones ligeramente levantados, los brazos extendidos hacia delante a la altura de los hombros, los puños cerrados, con las manos mirando hacia el suelo.
 Flexionamos las rodillas y bajamos la cadera todo lo que podamos.

Respiración
Inspiramos durante la flexión, espiramos al subir.

Número de repeticiones
Diez.

Variante
Realizamos el mismo ejercicio con los pies abiertos, dejando las rodillas abiertas.

EJERCICIO N.º 3

Posición
De pie, piernas separadas, brazos pegados al cuerpo, con las palmas de las manos hacia el interior.
 Adelantamos una pierna.
 Flexionamos la pierna colocada delante, manteniendo la planta del pie apoyada totalmente en el suelo, al tiempo que flexionamos la pierna de detrás hasta apoyar la rodilla en el suelo, levantando el talón.
 Continuamos el movimiento, intercambiando la posición de las piernas.
 Mantenemos el tronco recto durante todo el ejercicio.

Número de repeticiones
Diez veces con cada pierna.

Respiración
Inspiramos durante la flexión, y espiramos al subir.

Variante
La pierna colocada detrás no llega hasta el suelo y se detiene a la altura del tobillo.

ABDOMINALES
(sin accesorios)

EJERCICIO N.º 1

Posición
De pie, las piernas separadas, el pubis hacia atrás, abdominales contraídos.
Brazos extendidos hacia delante.
Efectuamos torsiones de tronco hacia la derecha y hacia la izquierda, sin mover las piernas.

Número de repeticiones
Quince repeticiones lentas a cada lado.

Respiración
Espiramos a cada torsión.

Consejo
La cadera debe mantenerse inmóvil y giraremos solamente el busto.

EJERCICIO N.º 2

Posición
Tumbados, con la espalda apoyada en el suelo, o sentados con las piernas extendidas.
Desplazamos lentamente las piernas de izquierda a derecha y, a continuación, en sentido inverso.
Mantenemos en tensión los abdominales.

Número de repeticiones
Una serie de ocho movimientos.

Respiración
Espiramos cada vez que empujamos las piernas hacia uno de los lados.

Consejo
Mantendremos la espalda completamente recta.

EJERCICIO N.º 3

Posición
Tumbados con la espalda apoyada en el suelo, levantamos las rodillas alternativamente hacia el pecho. A continuación, estiramos la pierna, con un movimiento similar a una pedalada hacia atrás.

Respiración
Espiramos al levantar la rodilla.

Número de repeticiones
Veinte.

EJERCICIO N.º 4

Posición
Tumbados con la espalda apoyada en el suelo, las piernas extendidas, pies juntos, manos detrás de la nuca.
Levantamos el busto y volvemos a la posición inicial, sin rebote.

Respiración
Espiramos al levantar el busto.

Número de repeticiones
Veinte.

Variante
Codos cerrados y codos abiertos.

EJERCICIO N.º 5

Posición
Tumbados, con la espalda apoyada en el suelo, las piernas flexionadas formando un ángulo de 45 grados con las rodillas y las manos colocadas en el abdomen.
Levantamos el busto para quedarnos en posición sentada, y volvemos a bajar.

Respiración
Inspiramos al bajar, y espiramos al subir.

Número de repeticiones
Diez.

Consejos
El ejercicio se efectúa sin rebote. La espalda debe mantenerse recta.
No hay que levantar los pies del suelo (podemos ayudarnos fijando los pies debajo de algún mueble o con un accesorio apropiado).
Durante el ejercicio, procuremos mantener las piernas y los pies juntos.

NALGAS

EJERCICIO N.º 1

Posición
Tumbados de lado, con el codo doblado, la pierna en contacto con el suelo flexionada y la otra extendida.
Una mano aguanta la cabeza, y el otro brazo lo mantenemos pegado al cuerpo, con el codo doblado y la palma de la mano apoyada en el suelo por delante del abdomen, para mantener el equilibrio.
Elevamos lateralmente la pierna extendida.

Respiración
Libre.

Número de repeticiones
Doce veces con cada pierna.

Consejos
Mantener el cuerpo recto y evitar que la pierna se desplace hacia delante.

EJERCICIO N.º 2

Posición
En el suelo a cuatro patas, los brazos extendidos, la espalda recta.
Levantamos la rodilla hasta el tórax.
A continuación extendemos la pierna hacia atrás, hasta que quede en línea con la espalda. Repetimos el movimiento sin poner la rodilla al suelo.

Respiración
Libre.

Número de repeticiones
Veinte veces con cada pierna.

Variante
Una vez la pierna está extendida hacia atrás, la bajamos hasta el suelo y la levantamos de nuevo.

EL STRETCHING (estiramientos)

GEMELOS

EJERCICIO N.º 1

Posición
De pie, mirando hacia la pared.
Nos inclinamos hacia delante, apoyamos las manos contra la pared con los brazos estirados, una pierna flexionada hacia delante y la otra extendida hacia atrás.
Aumentamos la flexión de la pierna que hemos colocado delante, hasta notar que los gemelos de la pierna extendida empiezan a tirar.
Para lograrlo, ambos pies deben estar completamente planos en el suelo.
Mantenemos las posición por espacio de veinte segundos.
Cambiamos de pierna.
Repetimos el ejercicio varias veces.

EJERCICIO N.º 2

Posición
En posición sentada o estirada, las piernas extendidas y paralelas, los dedos de los pies mirando hacia arriba.

Estiramos el pie al máximo, llevando los dedos hacia delante, y recuperamos la posición inicial empujando con el talón.

Repetición
Diez veces como mínimo.

MUSLOS

EJERCICIO N.º 1

Posición
De pie, piernas separadas.
Con las piernas bien extendidas, flexionamos el busto hacia una pierna, cogiendo los gemelos de esa pierna con las dos manos.
Mantenemos las posición por espacio de diez a veinte segundos.
Repetimos con la otra pierna.
No bloqueemos la respiración.

EJERCICIO N.º 2

Posición

De pie, colocamos una pierna delante de la otra. Flexionamos la pierna que hemos puesto delante, dejando la otra extendida hacia atrás. Inclinamos el tronco hacia delante hasta tocar el muslo de la pierna flexionada, al tiempo que las manos se apoyan en el suelo, con los brazos extendidos.

Estiramos al máximo la pierna colocada detrás, con el pie apoyado en la punta, o bien apuntando al exterior.

Nos estiramos por espacio de quince a veinte segundos.

Alternamos la posición de las piernas.

Repetimos el ejercicio varias veces.

EJERCICIO N.º 3

Posición

De pie, con una pierna levantada y el pie apoyado a la altura de la cadera (para ello utilizaremos un taburete o un banco de trabajo), el busto recto, la otra pierna extendida hacia atrás, el pie flexionado.

Inclinamos el busto hacia el muslo, estirando al máximo la pierna que hemos colocado detrás.

Nos incorporamos y repetimos la posición varias veces.

Invertimos el trabajo de las piernas.

EJERCICIO N.º 4

Posición
De pie, los pies apoyados totalmente en el suelo, piernas paralelas y extendidas.

Nos inclinamos hacia delante, hasta apoyar las manos en el suelo o, si esto no es posible, manteniéndolas perpendiculares a los pies.

Mantenemos la posición de diez a quince segundos.

Repetimos el ejercicio cinco veces.

EJERCICIO N.º 5

Posición
De pie, el cuerpo completamente recto, los brazos detrás de las nalgas.

Sujetamos un pie con las dos manos, arqueando el tronco hacia atrás y estirando el muslo hasta que el talón toque la nalga.

Mantenemos unos segundos.

Volvemos a la posición de partida y cambiamos de pierna.

CADERAS Y NALGAS

Posición
Sentados.

Extendemos una pierna, la espalda recta, el pie formando ángulo recto.

Pasamos la otra pierna por encima de la primera y apoyamos el pie en el suelo.

Giramos el busto hacia el lado contrario de la pierna extendida, manteniendo la espalda bien recta.

Aguantamos en el punto máximo de rotación.

Mantenemos la posición al menos diez segundos.

Repetimos con la otra pierna.

CADERAS, ESPALDA Y MUSLOS

Posición
Tumbados boca arriba, con los brazos separados.

Cruzamos una pierna por encima de la otra, con las rodillas flexionadas.

Hacemos girar la cadera sobre su eje, procurando no levantar la espalda del suelo, hasta que se obtenga una sensación de estiramiento importante en la zona lumbar.

Mantenemos esta posición durante unos segundos.

Invertimos la posición.

MUSLOS Y TOBILLOS

EJERCICIO N.º 1

Posición
Tumbados de lado, una pierna en el suelo, con la punta del pie estirada. El busto apoyado en el brazo, que a su vez se apoya en el suelo con el codo.

Flexionamos la otra pierna y con la otra mano nos cogemos el pie en extensión.

Tiramos al máximo, manteniendo los dos muslos paralelos.

Mantenemos la posición veinte segundos.

A continuación, repetimos el ejercicio con la otra pierna.

EJERCICIO N.º 2

Posición
Sentados, los pies unidos por las plantas y las rodillas separadas.

Nos sujetamos los pies con las manos, inclinando ligeramente la espalda.

Tensamos los músculos de la espalda, dejando los hombros caídos, al tiempo que bajamos las rodillas.

Inmovilizamos la posición cuando notamos que la tensión de los músculos es suficiente.

Número de repeticiones
Diez.

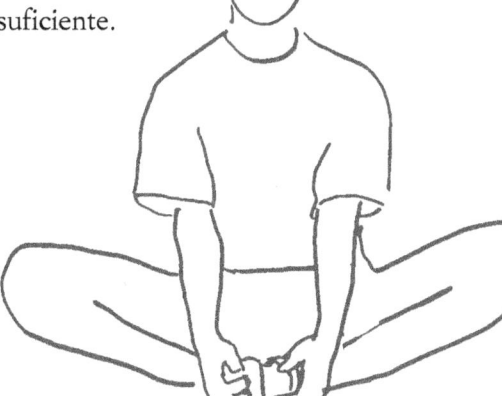

BRAZOS, ESPALDA, CADERA

Posición
Sentados, con las piernas cruzadas. Brazos levantados, con las manos juntas, cruzadas por encima de la cabeza.

Inclinamos lateralmente el conjunto cabeza-brazos, de derecha a izquierda y viceversa.

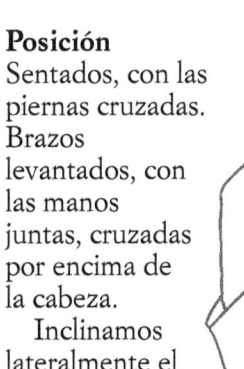

PARTE ALTA DEL CUERPO, CUELLO HOMBROS

Posición
De pie, con las dos manos detrás de la cabeza y los codos abiertos.

Flexionamos la cabeza lateralmente hacia un lado y después hacia el otro.

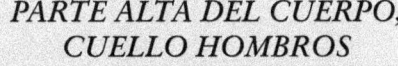

NUCA, ESPALDA

Posición
Sentados, con las piernas cruzadas; las manos, detrás de la cabeza. Inspiramos al separar los codos. Espiramos al juntarlos, dejando caer la cabeza hacia delante.

Consejo
Mantengamos la espalda recta durante todo el ejercicio; la flexión se produce únicamente con el cuello.

La preparación psicológica

En todos los deportes, la preparación psicológica es un elemento esencial para mejorar los resultados en competición. Los corredores de velocidad saben perfectamente que no siempre es fácil mantener la concentración entre las diferentes mangas, debido al proceso de agotamiento que se produce. Para lograr los mejores resultados hay que estar, psíquicamente, al cien por cien. En efecto, la tensión psicológica es un fenómeno que produce desgaste y fatiga física. Por lo tanto, del mismo modo que el entrenamiento permite mejorar el rendimiento físico, el deportista ha de aprender a controlar mentalmente la fatiga física. Así, el cerebro regirá la máquina y le exigirá el máximo de sus posibilidades.

Como puede verse, el «trabajo interior» es tan importante como el «trabajo exterior». Por esta razón, si nos iniciamos en este deporte, es conveniente seguir una cierta disciplina. Para ello disponemos de varios métodos. En este capítulo hablaremos de las técnicas de sugestión, de relajación y de la sofrología.

El dominio de las propias capacidades

En una competición de patinaje, el éxito está muy ligado a la pareja de conceptos entrenamiento-psicología. El éxito del atleta pasa por el dominio de sus capacidades emocionales, antes, durante y después de una competición o un entrenamiento.

En todos los deportes, el aspecto psíquico desempeña un papel primordial en el rendimiento de un deportista o de un equipo, independientemente del grado de entrenamiento físico.

Hay que saber aprovechar la concentración para poder realizar de manera automática los movimientos técnicos más específicos. El entrenador tiene la función de hacer progresar al deportista, proponiéndole un método de relajación que tenga como único objetivo llevarle a un perfecto conocimiento de sus tensiones, dudas y limitaciones personales.

La relajación

Una forma de relajarse es canalizando nuestras pulsiones mediante una técnica muy sencilla, que consiste en trabajar la capacidad de dominar los músculos y la voluntad ante el esfuerzo y el dolor.

Esta técnica se puede trabajar con o sin la ayuda de un profesional (entrenador, kinesiterapeuta o médico especializado).

Para obtener resultados positivos hay que estar motivado, y no dejarse invadir por un sentimiento de fracaso. En este sentido, habrá que tener una voluntad fuerte y persistente.

Los consejos del entrenador servirán para animarnos en cualquier momento, puesto que él es quien conoce nuestro estado físico y anímico.

En el patinaje, el trabajo de grupo es muy importante, porque los patinadores aprenden del resto del grupo y, al estimular la competitividad, el deportista se esfuerza en superarse a sí mismo. Esta superación no puede experimentarse sin un cierto riesgo si no es con una excelente preparación psicológica, en la que los periodos de reposo y de recuperación tienen una importancia capital (relajación, yoga, etc.).

Podemos pensar que estamos en un estado de sobreentrenamiento cuando tenemos insomnio o nos despertamos con frecuencia, si nos recuperamos mal después del entrenamiento, si notamos fatiga constantemente, si nuestro peso está por debajo del peso forma, si sufrimos una pérdida de apetito, o también si padecemos cefaleas, palpitaciones, etc. Si esto ocurriera, deberíamos tomar las medidas oportunas, tanto en el plano físico como en el psíquico.

Los problemas cotidianos tienen que influenciarnos lo menos posible. Por esta razón, los deportistas de élite preparan las grandes competiciones en lugares relativamente apartados, con el fin de alcanzar un nivel de concentración óptimo para la competición, sin que los factores psicológicos externos provoquen un estrés suplementario.

Cuanto mejor es la preparación mental, más opciones de lograr el triunfo se tienen, a igual nivel de entrenamiento físico.

La sugestión

Es un elemento clave cuyo objetivo es multiplicar la «potencia física». La sugestión se lleva a cabo a tres niveles: efecto identificación, aumento de la agresividad y búsqueda de concentración. El trabajo que el entrenador realiza en el vestuario consiste en inculcar estas sensaciones a sus corredores o a su equipo. Según las personas, el método será diferente, pero el objetivo es siempre el mismo: hacer que cada uno se sienta seguro de sus posibilidades.

Superarse

Se aplica cuando empieza a aparecer el dolor, el estrés. Consiste en autorrelajarse para alcanzar un cierto grado de bienestar físico y psíquico. La capacidad de superación nos permitirá que rindamos por encima de nuestras propias capacidades iniciales, así como que nos dominemos física y psíquicamente, mediante un conocimiento muy completo de las propias reacciones musculares, respiratorias y del ritmo cardíaco. Aplicada al deporte, esta práctica nos permite aumentar el potencial físico y psíquico, y nos proporciona la posibilidad de realizar esfuerzos continuos con un grado menor de fatiga. Por último, permite eliminar el estrés, la ansiedad ante la posibilidad de la derrota, el miedo y el nerviosismo durante las competiciones.

Dos ejercicios de aplicación práctica

De pie

SENSACIÓN DE GRAVITACIÓN TERRESTRE O DE ENRAIZAMIENTO EN EL SUELO

Piernas separadas a una distancia equivalente a la anchura de hombros; brazos a los lados del cuerpo.

Nos esforzaremos en notar la atracción que el suelo ejerce en nosotros, y percibiremos una sensación como si las piernas se quisieran hundir.

Concentración y respiración tranquila.

En el suelo

PESADEZ

Estirados en el suelo, con los ojos cerrados; fijamos nuestra atención en una parte determinada del cuerpo, como por ejemplo un dedo del pie. Lo sentimos, y comenzamos a percibir una sensación de calor que se acrecenta.

A continuación, pasamos a sentir el pie, el tobillo, la pierna, y así sucesivamente, hasta llegar a las extremidades superiores y al conjunto del cuerpo. Notamos una sensación de calor repartida por todo el cuerpo.

Abrimos los ojos.

Para finalizar, respiramos profundamente y nos incorporamos muy poco a poco.

Una alimentación equilibrada

El deportista ha de adaptar su alimentación para tener una reserva energética que le permita obtener el máximo rendimiento durante el esfuerzo.

A lo largo de todo el año la alimentación debe ser equilibrada, para permitir que el deportista se mantenga en su peso forma y esté en buenas condiciones físicas el día que se presente a una competición o una gran prueba.

El patinaje, un deporte devorador de calorías

El patinaje quema calorías como ninguna otra disciplina, tal como han demostrado recientes estudios llevados a cabo en Estados Unidos. Un patinador que recorre una distancia de trescientos metros a una velocidad media consume 285 calorías. Si alterna un minuto rápido y otro lento, consume 450. Durante el mismo tiempo y en las mismas condiciones, un corredor consume 350 calorías.

El aporte energético diario tiene que estar adaptado al volumen de entrenamiento, de modo que se obtenga un balance equilibrado de recursos y gasto energético. La ingestión calórica puede variar entre 2.500 y 5.000 kcal o más por día, repartida en cuatro o cinco comidas y dividida como sigue:

— 55 % de glúcidos;
— 12 a 15 % de proteínas;
— 25 a 30 % de lípidos.

Por otra parte, hay que acostumbrarse a beber regularmente durante el día.

Los complementos dietéticos del deportista tienen que ser complementos de una alimentación equilibrada.

La alimentación del deportista tiene que permitirle hacer frente a unas necesidades mayores, mantenerse en forma y disfrutar de su actividad sin fatiga.

No es conveniente entrenar en ayunas. El organismo necesita carburante, especialmente azúcares, para poder funcionar. Estos errores pueden provocar estados de fatiga repentina o malestar, y acaban convirtiendo una actividad beneficiosa en un trabajo penoso.

En competición

La comida previa a una competición depende de la actividad deportiva practicada y de las circunstancias del entorno.

Si se practica una modalidad de fondo, la cantidad de glúcidos debe aumentarse a un 65 % los tres días previos a la competición, con un aporte glucídico por la noche, para aumentar las reservas musculares de glucógeno.

Es importante respetar el tiempo de digestión de tres horas. La última comida debe tomarse tres horas antes del inicio de la prueba, y estará constituida por alimentos fácilmente digeribles; se mantendrá un aporte normal de proteínas y calorías, se aumentará la cantidad de glúcidos y se disminuirá la de lípidos.

El patinaje de velocidad implica un consumo de calorías importante (foto Debacker)

En el transcurso de la prueba tenemos que hidratarnos, ingiriendo entre 100 y 250 mililitros cada veinte minutos.

Este factor es especialmente importante cuando la persona suda mucho.

También hay que prever una reposición energética al cabo de una hora, en forma de bebida con glucosa.

La recuperación

Hay que rehidratarse, reponer la reserva de glúcidos y eliminar los residuos. Una vez finalizada la prueba, tomaremos bebidas alcalinas y azucaradas. Para cenar es conveniente ingerir cantidades normales de proteínas y de glúcidos.

Evitemos la deshidratación

Al realizar un esfuerzo físico, el deportista sufre importantes pérdidas de agua debidas a la respiración y a la transpiración. La deshidratación comporta la disminución de la capacidad de llevar a cabo un esfuerzo, calambres, lesiones en los tendones y aumento de la frecuencia cardíaca.

Para poderse hidratar convenientemente, ante todo, hay que conocer las necesidades personales de agua. Una forma sencilla de averiguarlo es pesarse antes y después de un esfuerzo o de un entrenamiento, siempre en la misma báscula y con la misma vestimenta. De este modo veremos el valor de la pérdida de agua y podremos compensarlo con bebida. Cuando la báscula indica una pérdida de uno a dos kilos, no significa que se haya perdido grasa, sino agua.

No esperemos al final del esfuerzo para beber. Conviene hacerlo antes de que aparezca la sensación de sed, ingiriendo pequeñas cantidades.

En las competiciones o en los entrenamientos de distancia deberemos acumular una reserva de agua entre las dos horas y la media hora antes de la prueba, en cantidades fraccionadas.

Durante la prueba, tomaremos cada cuarto de hora entre 150 y 200 mililitros de bebida fresca, pero no helada (de 10 a 12 °C), ligeramente azucarada y mineralizada con sodio y potasio, de manera que garantice la perfecta absorción por parte de las paredes estomacales.

Tras el esfuerzo, y para corregir la deshidratación y neutralizar los residuos ácidos, beberemos 300 mililitros de agua alcalina y 250 mililitros de leche descremada, además de agua con minerales.

Accidentes y lesiones

Las lesiones son poco frecuentes. Están relacionadas en su mayoría con la fatiga, el sobreentrenamiento o la práctica inadecuada y repetitiva, que provocan traumatismos musculares y tendinitis. En este apartado describiremos las lesiones más corrientes que sufren los patinadores. Al final del capítulo, el lector encontrará la lista de las diferentes lesiones provocadas por la práctica intensiva del patinaje en línea.

Naturalmente es indispensable consultar a un médico, a ser posible especializado en medicina deportiva. Sólo él podrá determinar el alcance de las lesiones, y propondrá el tratamiento adecuado.

Los traumatismos

Siendo la caída un riesgo intrínseco de este deporte, las lesiones más frecuentes son las erosiones y las heridas. Las curas suelen ser muy simples y no son impeditivas, excepto cuando además hay fractura.

Por otra parte, la repetición sistemática de un mismo movimiento puede provocar lesiones anatómicas, que suelen ser inflamaciones, pero que pueden ser funcionales.

La tendinitis en el tendón de Aquiles

Forzar el trabajo del pie puede crear una reacción inflamatoria dolorosa en el talón. La sensación de calor que puede aparecer al principio del entrenamiento va desapareciendo paulatinamente, pero reaparece al enfriarse el músculo. Este dolor también puede presentarse al levantarse por la mañana, y luego, con el paso de las horas, puede disminuir o desaparecer. El tendón es doloroso al tacto y hay posibilidad de que se desarrolle un edema.

Las causas pueden ser múltiples, y entre ellas destacan el uso de un calzado inapropiado y el terreno desnivelado (subida, bajada o suelo abombado).

TRATAMIENTO
Reposo. El médico podrá recetar antiinflamatorios. En los casos agudos, se recomienda aplicar hielo y ejercicios de estiramiento suaves.

PREVENCIÓN
Utilizaremos calzado y patines específicos, y realizaremos un calentamiento adecuado y estiramientos antes de comenzar a patinar.

Pese a todas las precauciones, si la tendinitis pasa a ser crónica, habrá que consultar con un especialista en medicina deportiva, que determinará si se trata de un problema, como los pies planos o una pronación importante, el que provoca la torsión lateral del tendón. Estos casos pueden solventarse usando plantillas ortopédicas. Si se sigue entrenando con tendinitis en el tendón de Aquiles, se corre el riesgo de que se forme un nódulo y se haga necesaria una intervención quirúrgica.

Dolores de rodilla

La condromalacia es una anomalía de la movilidad de la rótula, que también recibe el nombre de «rodilla de corredor». La rótula no trabaja correctamente, debido a factores anatómicos y biomecánicos. El desplazamiento de la rótula hacia el exterior y la contracción de ciertos músculos y ligamentos son los causantes del dolor. Esta sensación dolorosa puede aumentar cuando se trabaja a velocidad de carrera o cuando se realizan acrobacias. Es posible que en algunos momentos desaparezca, pero luego reaparece después de periodos de esfuerzo. Es una patología que suele afectar al principiante.

TRATAMIENTO
En primer lugar se recomienda reposo. Contra el dolor, se puede tomar aspirina o un antiinflamatorio, así como aplicar hielo durante algunos minutos. Pasados uno o dos días, deberá sustituirse el hielo por una aplicación de calor húmedo por espacio de un cuarto de hora, varias veces al día.

PREVENCIÓN
A partir del momento en que haya desaparecido el dolor habrá que reforzar la articulación. Esto se consigue haciendo trabajar el cuádriceps y el vasto interno (músculos situados por encima de la rodilla). Los ejercicios propuestos consisten en mover pesos colocados a la altura del tobillo. Progresivamente, se aumentará el peso a levantar, que al principio será de un kilo como máximo. En algunos casos se puede corregir el problema del desplazamiento de la rótula utilizando temporalmente una órtesis (un dispositivo ortopédico) colocada en el calzado.

Otros traumatismos de la rodilla

TENDINITIS POPLÍTEA
Suelen padecerla con más frecuencia las personas que patinan en pendientes, hecho que aumenta la pronación del pie (apoyo en la parte interior del pie) en la parte más alta de la pendiente. En el descenso, el músculo poplíteo (músculo que se encuentra situado en la parte posterior del cóndilo femoral externo y que pasa por detrás de las mesetas tibiales y acaba en la cara posterointerna de la tibia) actúa como freno para impedir el desplazamiento anterior del fémur. Un tiempo prolongado de descenso ocasiona una fuerza excesiva a nivel del tendón poplíteo. Clínicamente, el patinador nota dolor en el punto de inserción.

El tratamiento de la tendinitis poplítea requiere reposo, junto con administración de antiinflamatorios y, si es necesario, infiltración de corticoides en la zona afectada.

TENDINITIS ROTULIANA
Esta tendinitis es menos frecuente, y consiste en una reacción inflamatoria de la inserción del tendón rotuliano en la rótula. Suelen padecerla los acróbatas. El dolor que produce es similar al que provoca una fractura de fatiga de la parte interna de la tibia. Esta lesión debe ser tratada de manera conservadora: reposo, rodillera, antiinflamatorios, infiltración de cortisona...

Dolores en la parte anterior de la tibia

Existen dolores localizados entre la rodilla y el tobillo que son producto de la fatiga. Suelen padecerlos los patinadores que no gozan de una buena condición física. El origen puede ser una mala posición de la cadera durante el ejercicio o una mala posición del pie en el movimiento de flexión y de extensión al patinar, que pueden provocar tendinitis o periostitis (inflamación de la superficie del hueso), con formación a la larga de calcificaciones óseas.

Se curan con reposo, aplicación de hielo, vendaje de la pierna y tratamiento de frío y calor.

Patología de los ligamentos del tobillo

La hiperpronación del tobillo, asociada a una hiperlaxitud de los ligamentos de esta articulación, puede tener por efecto un «derrumbamiento» del tobillo. En tal caso hay que recurrir a técnicas ortopédicas, como la inmovilización. El patinador deberá efectuar un trabajo de reeducación, encaminado a reforzar los ligamentos laterales.

Dolores en la cadera, las nalgas y en la espalda

Pueden estar provocados por una distensión de los abductores, de los músculos posteriores de la rodilla, de los aductores, o también por un problema en la zona lumbar o por una hernia discal.

TRATAMIENTO
El tratamiento de este tipo de dolores consiste en la aplicación inmediata de hielo, seguida de reposo y aplicación de calor al cabo de treinta y seis horas. En caso de hernia discal diagnosticada por el médico hay que suprimir toda actividad, puesto que se trata de una lesión que en muchos casos acaba con el deportista en el quirófano.

Después de haber completado el tratamiento, se puede reanudar la actividad deportiva, siempre que el patinador siga una recuperación rigurosa y progresiva.

Las fracturas

La muñeca

En los deportes con patines (sobre hielo, en línea, hockey sobre patines, street, etc.), la fractura más corriente es la de radio y cúbito a la altura de la muñeca, con o sin desplazamiento, ya que en el momento de producirse la caída, el patinador tiene el reflejo de amortiguarla con las manos.

A veces, esta fractura se complica cuando se ve afectado el escafoides (uno de los ochos huesecillos que forman la articulación de la muñeca y que está situado en la base del dedo pulgar).

TRATAMIENTO
En una fractura de radio y cúbito sin desplazamiento, el tratamiento será de tipo médico, y consistirá en la inmovilización de la articulación durante un periodo de cinco a seis semanas.

Cuando hay desplazamiento, el tratamiento es quirúrgico, y consiste en reducir la fractura; en los casos más graves, se recurre a la aplicación de tornillos y a la inmovilización con escayola por espacio de seis a ocho semanas, o incluso más.

En caso de fractura de escafoides, la inmovilización con escayola es aleatoria, ya que este hueso diminuto tiene tendencia a no consolidar el centro de la fractura. A menudo se tiene que intervenir quirúrgicamente, fijando el escafoides o aplicando una placa. La inmovilización con escayola es muy larga: como mínimo tres meses.

Para evitar estas fracturas, lo mejor es usar protecciones para las muñecas.

La articulación escapulohumeral

En patinaje en línea, más que con patines convencionales, la caída hacia delante es causante de fracturas de clavícula principalmente, de luxaciones de hombro a veces, y de fracturas de la cabeza del húmero, en raras ocasiones.

TRATAMIENTO
En la luxación de hombro, el tratamiento es quirúrgico. La articulación debe ser colocada en su sitio e inmovilizada con un vendaje que fije el brazo junto al cuerpo, con el codo flexionado y la palma de la mano pegada al abdomen, durante seis semanas.

En las fracturas de clavícula y de la cabeza del húmero sin desplazamiento, el tratamiento consiste en la inmovilización por un periodo de tres a seis semanas. Para la clavícula, el brazo se coloca en cabestrillo, mientras que para la cabeza del húmero se aplica el mismo tipo de inmovilización que la utilizada para la luxación de hombro.

Cuando la fractura de clavícula presenta desplazamiento, es preciso intervenir quirúrgicamente. La reducción de la fractura se lleva a cabo con anestesia general. En estos casos pueden colocarse anillos que mantengan la clavícula en extensión, tornillos o placas. El periodo de inmovilización va de cinco a seis semanas.

En las fracturas de la cabeza del húmero con desplazamiento se coloca una placa con tornillos, y el periodo de reposo se realiza con el brazo inmovilizado junto al cuerpo, el codo flexionado y la palma de la mano pegada al abdomen, durante un periodo de tiempo que va de seis a ocho semanas.

Después de las fracturas se necesita un periodo de recuperación en el que se trabaja la elasticidad y la amplitud de movimientos.

Lesiones cardiovasculares

El riesgo de muerte repentina mientras se está practicando una actividad deportiva se da en numerosos deportes, como por ejemplo atletismo, fútbol, squash, rugby, ciclismo, baloncesto, esquí de fondo, tenis, patinaje sobre hielo, hockey, patinaje en línea, etc. Los motivos de estos accidentes suelen deberse a afecciones congénitas, a la fibrilación ventricular, a problemas de los vasos cerebrales o también a causas inexplicadas.

En cualquier caso, el tabaquismo, la hipertensión, el colesterol o los dolores torácicos con sensación de «bloqueo» de la respiración son factores de riesgo.

PREVENCIÓN
Antes de iniciarse en la práctica de cualquier deporte es indispensable efectuar una revisión médica. Los deportistas de alto nivel realizan revisiones y pruebas de esfuerzo periódicamente.

Patologías del hockey

Si nos centramos específicamente en las patologías más habituales en deportes de equipo, como el street hockey, el hockey sobre patines, etc., nos damos cuenta de que existen dos factores de riesgo suplementarios a los que presenta el simple uso del patín (velocidad y dificultad para controlar los movimientos: aceleraciones, giros y frenadas) como medio de desplazamiento:

— El uso de un stick, que nos lleva a una patología muy específica en la mano del jugador y que, por otro lado, ofrece el riesgo de contusiones y agresiones.
— La situación específica del portero (entorno, posición y equipamiento).

Las lesiones más habituales en estos deportes son, para el jugador de campo:

— Lesiones y sobrecargas musculares (aductores, tibia...).
— Esguinces y lesiones del tobillo (ligamento lateral izquierdo).
— Lesiones del escafoides.

En cuanto a las lesiones del portero, destacan las meniscopatías y las lesiones y sobrecargas musculares.

El certificado médico

La FEP exige a todos sus federados un certificado médico de aptitud para el deporte.

El control médico puede ser realizado por cualquier médico titulado, aunque lo más recomendable será siempre acudir a facultativos especializados en medicina deportiva, puesto que atenderán mejor a nuestras necesidades y nos dará las indicaciones precisas.

TRAUMATOLOGÍA DEL PATINADOR

En la lista que facilitamos a continuación figuran las posibles lesiones crónicas con las respectivas localizaciones relacionadas con el entrenamiento intensivo del patinaje. Esta relación no debe en modo alguno inquietar a los patinadores, sino que se ha incluido en este capítulo para completar el dosier médico sobre este deporte que, como todos los demás, tiene unas lesiones características, con las respectivas secuelas. Este tipo de información interesa a entrenadores, monitores y responsables de clubes.

Vértebras cervicales
— Artrosis cervical o artropatía

Vértebras dorsales
— Artrosis dorsolumbar

Vértebras lumbares y sacro
— Artrosis lumbosacra
— Hernia discal
— Aplastamiento vertebral debido a repetidas caídas

Cadera
— Artropatía púbica microtraumática
— Osteonecrosis de la cabeza del fémur (Legg-Perthes-Calvé)
— Artrosis (osteofitosis y condensación)

Muslo
— Afecciones de la inserción de los aductores
— Cicatriz fibrosa, secuela de distensión muscular (termografía)
— Lesiones micóticas

Rodilla
— *Problemas en la inserción interna del tendón rotuliano*
— *Gonartrosis*
— *Lesiones meniscales*
— *Osteocondromatosis*
— *Osteocondritis disecante*
— *Inestabilidad crónica por laxitud de los ligamentos*
— *Atrofia del LLI sobre* genu valgum *(ligamento lateral interno)*
— *Atrofia del LLE sobre* genu varum *(ligamento lateral externo)*
— *Subluxaciones recidivantes de la rótula (predisposición)*

Pierna
— *Inestabilidad crónica por hiperlaxitud del LLE o del LLI*
— *Periostosis tibial (aponeurositis de inserción)*

Tobillo, pie
— *«Síndrome anterior» del astrágalo*
— *Inflamación de las inserciones del LLI sobre valgus en la parte posterior del pie, y del LLE sobre varus en la parte posterior del pie*
— *Tenosinovitis: del peroneo lateral largo, del peroneo lateral corto, del tibial anterior, de los extensores de los dedos*

Dedos de los pies
— *Osteonecrosis de los sesamoides del pulgar*

Hombro y brazo
— *Tendinitis en el hombro*
— *Deltoiditis*
— *Artrosis acromioclavicular*
— *Luxación recidivante del hombro*

Codo
— *Epicondilalgia*
— *Epicondilitis + epitrocleítis*
— *Olecranitis*
— *Artrosis general de tipo osteocondromatosis (cuerpos extraños libres)*

Antebrazo
— *Inestabilidad crónica del codo por laxitud de los ligamentos postraumática*
— *Fibrosis cutánea del antebrazo*
— *Artrosis de la muñeca*

Mano
— *Mioglobinuria*

Glosario

HOCKEY SOBRE PATINES

Bloqueo: se produce cuando un atacante se interpone entre el defensor y el jugador del propio equipo que tiene la pelota.

Booling: saque entre dos, señalado cuando el arbitro pierde la bola de vista o cuando la pelota está siendo disputada entre dos jugadores, sin que pueda ser jugada.

Pared: un modo de rebasar al contrario mediante un pase a un compañero y posterior devolución de este por detrás del defensa.

Picarla: chutar la pelota después de levantarla y antes de que caiga.

Pincharla: enviar la pelota al espacio entre defensores para que un compañero la recoja o chute anticipándose a los defensores.

Rombo-cuadro: marcaje por zona.

STREET-HALFPIPE

Aerial: figura de base que consiste en volar por encima del coping.

Antirocker: rueda pequeña extradura que permite deslizarse por tubos o aristas. En street, las dos ruedas centrales son antirockers.

Back flip: mortal hacia atrás.

Catch: agarrarse a los vehículos.

Contest: competición de street de halfpipe.

Coping: borde redondeado del halfpipe.

Desaster slide: los patines se deslizan sobre el coping, de espalda al halfpipe.

Drop: lanzarse desde arriba de la rampa.

Front flip: mortal hacia delante.

Front-side air: figura aérea de base, de cara al coping.

Handrail: barandilla de la escalera.

Invert: hacer el pino, apoyando las manos en el coping, con las dos piernas extendidas.

Lips-tricks: figuras sobre el coping de la rampa.

Plat bottom: parte plana del halfpipe.

Protects, vital: rodilleras, coderas, cascos, muñequeras.

Ride: sesión de halfpipe. Un ride dura cuarenta y cinco segundos.

Rider: patinador.

Rock slide: los patines se deslizan por el coping, de cara a la rampa.

Roller-skate parks: lugares aptos para la práctica del street.

Shifty grind: derrapaje controlado con los pies paralelos.

Soul grind: derrapar ruidosamente en la acera, con el pie delantero atravesado y el pie de detrás formando ángulo recto.

Soul over grind: soul grind con el pie en la plataforma.

Spots: puntos de encuentro de los riders o bien lugares aptos para entrenar en halfpipe.

Street: patinar por la calle.

Stunt o **tricks:** conjunto de free style.
Tac-tac: figura consistente en bajar muy rápidamente con las puntas de los pies divergentes.

PATINAJE DE RECREO

Black ice: literalmente «hielo negro»; es un asfalto reciente y muy liso, lo más buscado por parte de los riders.
Booling: movimiento de impulso de la pierna hacia delante o hacia atrás.
Power slide: «deslizamiento por fuerza»; forma de frenar utilizada por los profesionales.
Ready position: posición estable, en equilibrio.
Steering: zancada. Combinación de un fuerte impulso y de un suave deslizamiento en un movimiento fluido y continuo.
Stocking: movimiento de impulso.

STREET HOCKEY

Palomita: parada fácil en la que el portero aprovecha para lucirse.
Face off: saque de centro.
Pizza: caída sobre las nalgas.
Spot o playground: terreno de juego.

Direcciones útiles

Fabricantes e importadores

BAUER. Krowanolit, S.A.
Sancho de Ávila, 52-58, 7.º 4.ª
08018 Barcelona
Tel. (93) 485 35 53

CALIFORNIA PRO. Diker, S.L.
Pol. Ugaldetxo, parcela 21, local 10
20180 Oyarzun (Guipúzcoa)
Tel. (943) 49 31 17

DRIKKO. Imtesa
Cristóbal Bordiú, 8
28003 Madrid
Tel. (91) 442 55 00

HOLLY A.D. Decathlon, S.A.
Ctra. de Fuencarral, 3
28100 Alcobendas (Madrid)
Tel. (91) 657 89 08

IMSPORT, S.A.
Violante de Hungría, 78
08028 Barcelona
Tel. (93) 411 27 69

JACKLONDON. Joluvi, S.A.
Pol. Ind. Cancienes, nave 6
33400 Avilés (Asturias)
Tel. (985) 51 80 80

K2 REFLEX, IMC Sportiva
Pare Llaurador, 172
08224 Terrassa (Barcelona)
Tel. (93) 788 89 92

OXYGEN. Wilson Sporting Good España, S.A.
Casanova, 173, bajos
08036 Barcelona
Tel. (93) 419 52 59

RANDY, S.A.
María Tubau, 4
28050 Madrid
Tel. (91) 358 98 14

ROCES. Moving Pro, S.A.
Mallorca, 285, bajos
08037 Barcelona
Tel. (93) 457 80 00

RODEO. Sanchesji, S.A.
Anca, 26-28
20301 Irún (Guipúzcoa)
Tel. (943) 61 13 75

ROLLER DERBY. Iber Complex International, S.L.
Ctra. Pasaxe Vincios, Km. 8, nave 24
36380 Gondomar (Pontevedra)
Tel. (986) 46 90 67

ROLLERBLADE. Benetton Sportsystem Ibérica, S.A.
Acer, 30-32
08038 Barcelona
Tel. (93) 223 19 94

ULTRA WHEELS. Duna Trading, S.A.
Cánovas del Castillo, 7
11380 Tarifa (Cádiz)
Tel. (956) 68 04 26

Van Allen, S.A.
Josep Pla, 166-168, 2.º, Y-J
Tel. (93) 266 32 10
08019 Barcelona

Direcciones de la Federación

F.E.P.
P.º Eduardo Dato, 7 (bajo izquierda)
28010 Madrid
Tel. (91) 448 02 00 - 488 02 04
Fax (91) 447 22 79
Viladomat, 184-186, esc. A, 1.º 3.ª
08015 Barcelona
Tel. (93) 454 66 45 - 454 80 49
323 12 12 - 323 13 62
Fax (93) 451 03 53

F.C.P.
Mallorca, 253, 1.º 1.ª
08008 Barcelona
Tel. (93) 215 49 37

Dr. Ferrán, 47, entlo. dcha.
Apartado, 285
43202 Reus - Tarragona
Tel. (977) 32 37 12

Avda. Segre, 7 (ed. Terraferma)
Apartado 172
25007 Lleida
Tel. (973) 24 18 19

Emili Grahit, 13, entlo.
Apartado, 639
Tel. (972) 20 64 11
17002 Girona

**Federaciones nacionales
de hockey sobre patines**

Federación Andaluza
de Patinaje
Benidorm, 5
Tel. (954) 21 10 59
41001 Sevilla

Federación Aragonesa de Patinaje
Coso, 86, pral., dcha.
Tel. (976) 23 15 10
50001 Zaragoza

Federación de Patinaje
del Principado de Asturias
Gascona, 14
Tel. (985) 22 22 14
33001 Oviedo

Federación Balear de Patinaje
M.a Luisa Serra, 83, 2.º 3.ª
Tel. (971) 36 82 90
07703 Mahón (Menorca)

Federación Cántabra de Patinaje
San Fernando, 48, 1.º
Tel. (942) 23 81 21
39010 Santander

Federación Castellano-Leonesa
de Patinaje
Avellanos, 9, 3.º izq.
Tel. (947) 20 55 50
09003 Burgos

Federación Castellano-Manchega
de Patinaje
Polideportivo Municipal Andalucía, s/n.
Tel. (925) 22 14 18
45005 Toledo

Federación Catalana de Patinaje
Mallorca, 253, 1.º, 1.ª
Tel. (93) 215 49 37
08008 Barcelona

Federación Canaria de Patinaje
Venegas, 7, 2.º
Tel. (928) 26 03 89 D
35003 Las Palmas
de Gran Canaria

Federación Gallega de Patinaje
Riego de Agua, 9, 1.º
Apartado 395
Tel. (981) 22 90 50
15080 La Coruña

Federación Madrileña de Patinaje
Villalar, 4, bajo
Tel. (91) 275 54 50
28001 Madrid

Federación de Patinaje
de la Región Murciana
José Antonio Ponzoa, 4, 3.º B
Tel. (968) 21 81 90
30001 Murcia

Federación Navarra de Patinaje
Paulino Caballero, 13
Tel. (948) 22 88 76
31002 Pamplona

Federación Tinerfeña de Patinaje
Avda. Benito Pérez Armas, 4 Port. 2,
8.º D - Edificio Andrea
Tel. (922) 21 28 98 D
38007 Santa Cruz de Tenerife

Federación de Patinaje
de la Comunidad Valenciana
Navarro Reverter, 20, 1.º
Tel. (96) 374 57 55
46004 Valencia

Federación Vasca de Patinaje
Iturriaga, 59, bajo, dcha.
Tel. (94) 411 78 60
48004 Bilbao

Federaciones internacionales de hockey sobre patines

Alemania Occidental
Deutscher Rollsport-Bund e.V.
Thomas-Mann Str. 6 c.
D 600 Frankfurt M/50 FRG
Tel. (69) 58 10 84

Andorra
Federació Andorrana de Patinatge
Unió, 11-B, 5.º A
Escaldes
Tel. (9738) 21 89 4 / 28 48 2

Angola
Federação Angolana de Patinagem
P.O. Box. 12192
Luanda, R.P. de Angola
Tel. (3) 3501
Télex: 3497 ESPA AN

Argentina
Cofederación Argentina de Patín
Uruguay, 847, 5.º
Ofic. 32 y 33
1015 Buenos Aires
Tel. (44) 6810/6839/6840

Australia
Australian Federation of Amateur
Roller Skaters
P.O. Box 9
Brisbane - Roma Street
Old., 4003 Australia
Tel. (07) 221 64 12
Fax (07) 236 10 92

Austria
Oesterreichister Rollsportverband
Ausstellungsstr. 40
A-1020 Wien. Austria
Tel. (0222) 26 77 87

Bélgica
Fédération Belge de Roller Skating
Generaal Slingeneyerlaan, 121
Boite, 4 - 2100 Deurne, Belgium
Tel. (03) 324 53 42

Brasil
Confederação Brasileira de Deportos
Terrestres
Rua Buenos Aires, 93
Salas 1208 a 1211
CEP - 20070 Río de Janeiro
Tel. (232) 9008

Canadá
Canadian Federation
of Amateur Roller Skaters
c/o. 1700 Ellice Avenue
Winnipeg, MB
Canadá R3H OB1

CHILE
Federación Chilena de Hockey y Patín
Vicuña Mackena 44 Of. 27
Santiago, Chile
Tel. (222) 1641

CHINA
Roller Skating Association
of the People's Republic of China
9 Tiyuguan Road
Beijing, China
Tel. (752) 480
Télex: 22323 CHOC. CO

COLOMBIA
Federación Colombiana de Patinaje
Carrera 15, 46-38
Bogotá
Tel. (232) 1648/(245) 7985
Télex: 41275 ICJD CO

COREA
Korea Amateur Roller Skating
Room, 404, K.A.S.A.
Gldg., 19, Mugeoy-Dong
Chung-Gu - Seoul, Korea

COSTA RICA
Asociación Costarricense de Patinaje
Sobre Ruedas
Apdo. 17691 - 1000 San José
Tel. 23 97 29
Télex: 21110 MATRA CR

CUBA
Federación Cubana de Patinaje
P.A. Comité Olímpico Cubano
Calle 13, 601
Zona Postal 4, Vedado
Habana, Cuba
Tel. (32) 8441
Télex: 511 332 INDER CU

DINAMARCA
Danish Roller Skating Union
Varngstrupvej, 94
DK 4171 Glumso
Tel. (045) 3-64 36 41

ECUADOR
Federación Ecuatoriana
de Hockey y Patín
P.O. Box. 4567 - c/o. Comité Olímpico
Ecuatoriano - Guayaquil, Ecuador
Tel. (395) 222
Télex: 043817 COE

EGIPTO
Egyptian Amateur Roller Skating
P.O. Box. 5359
El Cairo

ESLOVENIA
Savez Klizackih I Koturaljkaskih
Sportova Slovejnije
61000 Ljubljana
Celovska 25
Tel. (061) 216 157
Télex: 32156 BORI YU

ESPAÑA
Federación Española de Patinaje
Eduardo Dato, bajo, izq.
28010 Madrid
Tel. 448 02 00/445 05 14

ESTADOS UNIDOS
United States Amateur Confederation
of Roller Skating
1500 South 70th. Street
P.O. Box 6579
Lincoln NE 68506-USA

FRANCIA
Federation Française des Sports de
Patinnage a Roulettes
Patinodrome des Peuoliers
Chemin de la Pairette
B.P. 207 85007. La Roche Sur Yon
Cedex, France
Tel. (51) 36 18 16
Télex: 700 610

GRAN BRETAÑA
National Roller Hockey Association of
England

2 South Normandy, Warblington St.
Old Portsmouth, Hampshire
Great Britain P01 2 ES
Tel. (0705) 82 03 77

Holanda
Nederlandse Rolschaatsbond
Kerkakkerstraat, 43 A
Le Harenmaker
1506 (HG) Sdwarsst 5
Zaandam
Tel. (075) 162 501

Hong Kong
Hong Kong Amateur Roller Skating Association
109 Caroline Hill Road G/F
Causeway Bay
Tel. 5895 1023
Télex: 54313 Sue HX

India
Roller Skating Federation of India
House, 231, Sector 16-A
Chandigarth 160016 India
Tel. 630549/6837000
Télex: 75199

Indonesia
Indonesian Roller Skating Federation
Ruand Kanseleray 17
Stadium Utama Senayan
Jakarta-Selatan
Tel. 582033 ext. 25
Télex: 45214 Koni ia

Israel
Israelian Skating Federation
58 Remez St.
Kiryat Tivon 3600
P.O. Box 1028-ISRAEL
Tel. 82 2 777-3881
Télex 24989 KOCSEL

Irlanda
Irish Skating Association
168 Blackdith Rd.
Ballyfermot, Dublin 10
Irlanda

Italia
Federazione Italiana Hockey
e Pattinaggio
Viale Tiziano, 70 - 00196 Rome
Tel. 36851
Télex 623607 Fihp I
Fax (368) 582 11

Japón
Japan Roller Skating Federation
N.° 506, LM3-1-31-13
Higashiikebukuro Toshimaku
Tokyo, Japan
Tel. (03) 983/6335

Macao
Associação de Patinagem de Macau
Complexo Gimnodesportivo
de Mong-Hong
Rua Francisco Xavier Pereira
Tel. (8449) 27407

México
Federación Mexicana de Deportes
sobre patines de ruedas
Calle de los Reyes, 22
Sta. Bárbara Ixtapalapa
México 13 D.F., C.P. 09000
Tel. (670) 0119
Télex: 3794 Olimne

Mozambique
Federação Moçambicana de Patinagem
Ave. Emilia Dausse
Rua Joao Barros, 200
Maputo - Mozambique
Télex: 6404 MANAG MO

Nueva Zelanda
New Zealand Federation of Roller Skating Inc.
8 Fendalton Rd., Christchurch
P.O. Box 2666, Christchurch
Tel. 557 808

PAKISTÁN
Pakistan Federation of Roller Hockey
F/851, Kinari Bazar
Lahore-8, Pakistan
Tel. 54907

PORTUGAL
Federação Portuguesa de Patinagem
Rua Duque de Palmela 27-6.° Esq.
1200 Lisboa
Tel. (546) 758/(582) 689
Télex: 62087 F Patin P

PUERTO RICO
Asociación Puertorriqueña
de Patinaje
c/o. Comité Olímpico de Puerto Rico
Box 8 - San Juan, P.R. 00902
Tel. (725) 7446/(723) 3890
Télex: 345 0656

SAN MARINO
Federazione Sanmarinese Hockey
e Pattinagio
Via Cesare Cantú, 46
47031 Dogana
Tel. (0541) 75 94 60

SUDÁFRICA
South African Roller Hockey
Federation
P.O. Box 241
Bon Accord 0009
Tel. (012) 59194

SUIZA
Fédération Suisse de Rink-Hockey
Florissant 7
CH-1008 Prilly
Tel. (021) 25 57 30
Télex: 24133 EOSS CH

TAIWAN
Chinese Taipei Amateur Roller Skating
Association
163 Nanking West Road, 5th Fl.
Taipei, Taiwan R.O.C.
Tel. (02) 563 17 58
Télex: 27777

TOGO
Togohysko Skating Federation
71 rue Dr. Kekey
To Koin Lycée J. 2029
B.P. 4780 Lomé, Togo

TURQUÍA
Turkey Federation of Roller Skating
Ornek Mahallesi
1280 Konutlar, A-18/25
Telsizler-Ankara
Tel. 47 27 74
Télex: 46135 DSU TR

URUGUAY
Federación Uruguaya de Patín y Hockey
Canelones, 978
Casa de los Deportes
Montevideo
Tel. 915 902
Télex 23026 COURU

**Clubes pertenecientes
a la Federación Española de Patinaje**

REUS DEPORTIU
Antoni Gaudí, s/n.
43203 Reus
Color camiseta: Roja y negra
Color pantalón: Negro

FÚTBOL CLUB BARCELONA
Arístides Maillol, s/n.
08028 Barcelona
Color camiseta: Azulgrana
Color pantalón: Azul

ESPANYA HOQUEI CLUB
Olmos, 31 (Bar España)
07003 Palma de Mallorca
Color camiseta: Rojo
Color pantalón: Rojo

CLUB PATÍ VILAFRANCA
Apartado de Correos, 400
08720 Vilafranca del Penedés (Barcelona)
Color camiseta: Azul celeste
Color pantalón: Azul marino

CLUB PATÍ VIC
Av. Olimpia, s/n. Ap. 184
08500 Vic
Color camiseta: Blanca y roja a listas
Color pantalón: Blanco

CLUB PATÍN VOLTREGÁ
Passatge Victorià Oliveras de la Riva s/n.
08512 Sant Hipòlit de Voltregà
(Barcelona)
Color camiseta: Blanca y azul
Color pantalón: Azul

HOCKEY CLUB LICEO
CAIXA GALICIA
Avda. de Arteijo, 17, 1.º
15004 La Coruña
Color camiseta: Verde
Color pantalón: Blanco

IGUALADA HOQUEI CLUB
Nou, 45, 2.º 1.ª
08700 Igualada

Tel. 803 42 79
Fax 804 46 08
Color camiseta: Azulgrana
Color pantalón: Azul

HOCKEY CLUB PIERA
P.o del Prat, s/n.
08784 Piera (Barcelona)
Color camiseta: Verde y blanca
Color pantalón: Blanco/Verde

CLUB PATÍN CIBELES, S.D.
Palacio Valdés, 4, 2.º
33002 Oviedo
Color camiseta: Rojo
Color pantalón: Azul

CLUB PATÍN TORDERA
Camí Ral, 112, 4
08399 Tordera (Barcelona)
Color camiseta: Roja y amarilla
Color pantalón: Azul

A.A. NOIA-FREIXENET
José Rovira, 14
08770 Sant Sadurní d'Anoia
(Barcelona)
Color camiseta: Rojo
Color pantalón: Azul

www.ingramcontent.com/pod-product-compliance
Lightning Source LLC
Chambersburg PA
CBHW080545090426
42734CB00016B/3207